# studio d A2

## Deutsch als Fremdsprache

### Vocabulary

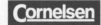

Cornelsen

# Vocabulary Pocketbook

Here the vocabulary items are listed in the left-hand column in the order of their first appearance. In the middle column you will find the English translation. In the right-hand column, the new item is used in an appropriate context.

The chronological item list contains the vocabulary from Einheit (Unit) 1 to Station (Station) 4. Items that you don't necessarily have to learn are printed in *italics*. Numbers and grammatical terms, as well as names of people, cities and countries, are not included in the list.

## Symbols, Abbreviations and Conventions

A • or a – under the word indicates the word stress:

$\underset{.}{a}$ = short vowel
$\underline{a}$ = long vowel

After nouns articles and plural forms are always given.

-    is used to show the plural form of nouns, e.g.:
     Abend, der, -e [plural: die Abende]
     Nomen, das, - [plural: die Nomen]
"    means: takes an umlaut in the plural
\*    means: this word only exists in the singular
\*,\*   means: there is also no article
*Pl.*   means: this word exists only in the plural
etw.   etwas (something)
jdn   jemanden (somebody, accusative)
jdm   jemandem (somebody, dative)
*Akk.*   Akkusativ (accusative)
*Dat.*   Dativ (dative)

Irregular verbs are always given with their 2$^{nd}$ participle form.
For adjectives only irregular comparative forms are indicated.

The numbers in brackets indicate different meanings a word has when it comes up.

## 1 Deutsch lernen

| | | |
|---|---|---|
| **Biografie,** die, -n | biography | Hast du Goethes Biografie schon gelesen? |
| **eigene, eigene, eigene** | *(my, his,...)* own | Nein, ich schreibe meine eigene Biografie. |
| **weil** | because | Ich bin nie krank, weil ich viel Obst esse. |
| **als** | than | Englisch ist gar nicht leichter als Deutsch. |
| **erkennen,** erkannt | (to) recognize | Erkennst du ihn nicht? Das ist doch Peter! |
| 1 1 *Sprachinstitut, das, -e* | language institute/school | Er lernt Englisch in einem Sprachinstitut. |
| **einige** | several | Er hat schon einige Kurse besucht. |
| 1 1 a *staatlich* | public *(state-run)* | Gehen Ihre Kinder auf eine private oder auf eine staatliche Schule? |
| *Literatur, die, -en* | literature | Sie liest viel. Literatur ist ihr Hobby. |
| **erinnern** | (to) remember | Erinnerst du dich noch an den Unfall? |
| **genau** | exact(ly), precise(ly) | Ja, ich erinnere mich noch ganz genau. |

| | | |
|---|---|---|
| *Kosmetikfirma, die, Pl.:* *Kosmetikfirmen* | cosmetic company | Models machen oft Werbung für Kosmetikfirmen. |
| *Kooperationspartner/in, der/die, -/-nen* | cooperation partner | Meine Firma hat viele Kooperationspartner. |
| **reisen** | (to) travel | Die Deutschen reisen gern in den Süden. |
| *Jura,* * | law | Sie studiert Jura. |
| **Technik,** die, -en | technology | Von Technik verstehe ich nichts. |
| *Geschichte, die,* * | history | Sie liest viel über Politik und Geschichte. |
| *technisch* | technical | Technische Dinge finde ich langweilig. |
| *Erfindung, die, -en* | invention | Aber die Spülmaschine ist eine tolle Erfindung ... |
| **faszinieren** (jdn) | (to) fascinate | ... und das Internet fasziniert mich. |
| **zum Beispiel** (z. B.) | for example | Ich höre gern Musik, zum Beispiel Jazz. |
| **japanisch** | Japanese | Der japanische Reis schmeckt sehr gut. |
| **Wirtschaft,** die, * | economy | Die japanische Wirtschaft ist erfolgreich. |
| *Exportland, das, "-er* | exporting country | Deutschland ist ein wichtiges Exportland. |

| | | |
|---|---|---|
| **Zentrale,** *die, -n* | central office | Viele Banken haben ihre Zentrale in Frankfurt. |
| **Wunsch,** der, "-e | wish, desire | + Haben Sie einen Wunsch?<br>– Ja, ein Bier, bitte. |
| **1 1 b vorlesen,** vorgelesen | (to) read to, read out loud | Die Mutter liest dem Kind ein Buch vor. |
| **Studium,** das, *Pl.:* Studiengänge | course (of studies) | Sein Studium dauert noch vier Semester. |
| **europäisch** | European | Europäische Geschichte ist interessant. |
| **1 2 b Aussage,** die, -n | statement | Diese Aussage ist richtig. |
| **1 3 a aussagen** | (to) tell, make a statement | Das Foto sagt nichts über ihn aus. |
| **1 3 b motivieren** | (to) motivate | Du hast keine Lust? Wie kann ich dich motivieren? |
| **Italiener/in,** der/die, -/-nen | Italian | + Was machen die Italiener alle hier? |
| **Erasmus-Student/in,** *der/die, -en/-nen* | Erasmus (exchange) student | – Das sind Erasmus-Studenten. |
| **Auslandssemester,** *das, -* | foreign study semester | + Sie verbringen zwei Auslandssemester in Deutschland. |
| **deutsch** | German | – Mögen sie die deutsche Küche? |
| **begeistert** | enthusiastic | + Ja sehr, sie sind begeistert. |

| | | |
|---|---|---|
| **ziehen** (nach), gezogen | (to) move | In drei Monaten ziehe ich nach Köln. |
| **gerade** (zur Zeit) | right now | + Was machst du gerade? |
| **Examen,** das, - | exam | − Ich lerne für mein Examen. |
| *Intensivkurs, der, -e* | intensive course | Die Sprachschule bietet Intensivkurse an. |
| **Praktikum,** das, *Pl.:* Praktika | internship | An der Uni muss jeder ein Praktikum machen. |
| *Gericht (1), das, -e* | court | Ich habe einen Termin beim Gericht. Ich muss eine Aussage machen. |
| *fantasiereich* | imaginative | Das ist nicht sehr fantasiereich − das ist langweilig! |
| *komplex* | complex | Dieses Thema ist sehr komplex. |
| *Herausforderung, die, -en* | challenge | Ich suche neue Herausforderungen. |
| **Erfolg,** der, -e | success | Nur so kann ich Erfolg haben. |
| *Yoruba, das, * (Sprache)* | Yoruba *(language)* | In meiner Klasse spricht niemand Yoruba. |
| **Fachhochschule,** die, -n | University of Applied Sciences | + Studierst du an der Fachhochschule? |
| **Ausbildung,** die, -en | training/apprenticeship | − Nein, ich mache eine Ausbildung. |
| **ähnlich** | similar | Mein Bruder ist mir sehr ähnlich. |

| | | |
|---|---|---|
| **Anfang,** der, "-e (am Anfang) | beginning | Am Anfang war das Wort ... |
| *Universitätsdiplom,* das, -e | university degree | Mit Universitätsdiplom findest du sicher einen Job. |
| **Politik,** die, * | politics | Interessierst du dich für Politik? |
| **vielleicht** | maybe | Vielleicht gehe ich heute aus. Mal sehen. |
| *diplomatisch* | diplomatic | Sei diplomatisch und mach einen anderen Vorschlag. |
| **Dienst,** der, -e | service, duty, work | Sie hat heute keinen Dienst. Sie hat frei. |
| 1 4 **korrigieren** | (to) correct | Die Lehrerin korrigiert jeden Fehler. |
| **direkt** | direct, non-stop | + Fliegst du direkt? <br> – Nein, ich steige in Frankfurt um. |
| **nigerianisch** | Nigerian | Ich habe einen nigerianischen Freund. |
| 1 6 *Mehrsprachigkeit,* die, * | multilingualism | Für viele ist Mehrsprachigkeit ganz normal. |
| *biografisch* | biographical | biografisches Erzählen = über sein Leben erzählen |
| *Erzählen,* das, * | telling (a story) | Das Erzählen von Geschichten ist schön. |
| **interviewen** | (to) interview | Nach dem Spiel interviewen wir den Fußballspieler. |
| **Interesse,** das, -n | interest | Ihr Interesse für Musik ist groß. |

Einheit 1

| | | |
|---|---|---|
| **Schulfach,** das, "-er | school subject | Ist Religion in deinem Land ein Schulfach? |
| 1 **7** a **unterstreichen,** unterstrichen | (to) underline | Bitte alle Verben im Text unterstreichen. |
| **Gitarre,** die, -n | guitar | Kannst du Gitarre spielen? |
| **spielen** | (to) play | Sein Vater spielt abends oft Karten. |
| 1 **7** b **weiterkommen,** weitergekommen | (to) get on/farther | Mit diesem Problem komme ich nicht weiter. Kannst du mir helfen? |

## 2 Mehrsprachigkeit oder Englisch für alle?

| | | |
|---|---|---|
| 2 **1** **weitere** | further, additional | Sprechen Sie noch weitere Sprachen? |
| 2 **2** **Rätsel,** das, - | puzzle, riddle | Wer kann dieses Rätsel lösen? |
| *Genuesisch,* das, * *(Sprache)* | Genoese *(language)* | Genuesisch verstehe ich nicht. |
| **italienisch** | Italian *(adj.)* | Meine italienischen Freunde kommen aus Rom. |
| *Dialekt,* der, -e | dialect | Sie sprechen auch einen Dialekt. |
| **Portugiese/Portugiesin,** der/die, -n/-nen | Portuguese | Meine Schwester ist in einen Portugiesen verliebt. |

| | | |
|---|---|---|
| **heiraten** | (to) get married | Die beiden wollen nächstes Jahr heiraten. |
| **benutzen** | (to) use | Ich benutze mein Wörterbuch sehr oft. |
| *Umgangssprache, die, -n* | slang, colloquial speech | Die Umgangssprache lernt man auf der Straße. |
| **Portugiesisch,** das, * | Portuguese | Sprichst du Portugiesisch? |
| **Jahrhundert,** das, -e | century | 1801 bis 1899: das 19. Jahrhundert |
| **ganz** | very, completely, wholly | + Ich bin ganz begeistert von dem Geschäft! |
| **normal** | normal | – Aber das ist doch nur ein normaler Laden. |
| **König,** der, -e | king | Der König wohnt in einem alten Schloss. |
| **Schiff,** das, -e | ship | Das Schiff liegt im Hafen. |
| **segeln** | (to) sail | Es gibt viel Wind! Komm, wir gehen segeln. |
| 2 3 *Zitat, das, -e* | quote | Kennst du dieses Zitat von Shakespeare? |
| **Meinung,** die, -en | opinion | Ihre politische Meinung interessiert uns. |
| *Muss, das, * * | (a) must | Das Brandenburger Tor ist ein Muss für jeden Berlin-Touristen. |
| *Plus, das, * * | plus | Dieses Fitness-Studio hat eine Sauna. Das ist ein großes Plus! |

| **Vorteil,** der, -e | advantage | Die zentrale Lage ist auch ein Vorteil. |
| **Präsident/in,** der/die, -en/-nen | president | Dieser Präsident macht gute Politik. |
| **Fremdsprache,** die, -n | foreign language | Wie viele Fremdsprachen sprichst du? |
| 2 **4** **Arabisch,** das, * | Arabic | Ich kann leider kein Arabisch sprechen. |
| *Weltsprache, die, -n* | world/universal language | + Ist das denn eine Weltsprache? <br> – Sicher. |
| **nützlich** | useful | Eine Waschmaschine ist sehr nützlich. |
| 2 **6** a **Rock,** der, * (Rockmusik) | rock (music) | Ich höre am liebsten Rock oder Jazz. |
| 2 **6** b **Erwachsene,** der/die, -n | adult | Ein Erwachsener ist mindestens 18 Jahre alt. |
| **Griechisch,** das, * | Greek | + Kannst du Griechisch? |
| **Latein,** das, * | Latin | – Nein, ich habe nur Latein gelernt. |
| **Unterricht,** der, * | class(es), lessons | Der Unterricht geht von neun bis 13 Uhr. |
| **Blume,** die, -n | flower | Du hast schöne Blumen auf dem Balkon. |
| **Metall,** das, -e | metal | Mein Kuli ist aus Metall. |

| | | | |
|---|---|---|---|
| 2 **7** | **Selbsttest,** der, -s | self test | Das Ergebnis von meinem Selbsttest ist gut. |
| | *populär* | popular | Fußball ist sehr populär in Deutschland. |

## 3 Rekorde

| | | | |
|---|---|---|---|
| | *Rekord,* der, -e | record | Der Weltmeister hält seinen Rekord. |
| 3 **1** | *fischen* | (to) fish | Am Fluss kann man fischen. |
| | **Streichholz,** das, "-er | match | + Rauchen Sie?<br>– Ja, aber ich habe keine Streichhölzer. |
| | **pusten** | (to) blow | Achtung heiß! Du musst pusten. |
| | **pfeifen,** gepfiffen | (to) whistle | Ich pfeife und mein Hund kommt. |
| | **Ton,** der, "-e | sound | Er kennt den Ton von mir. |
| 3 **2** | **Vergleich,** der, -e | comparison | Im Vergleich zu Tokio ist Berlin klein. |
| 3 **2** b | **so wie** | as … as | Ich möchte auch so schön sein wie sie. |
| 3 **3** | **französisch** | French | Sie liebt die französische Küche. |
| | *britisch* | British | Sie findet die britischen Männer elegant. |

| *Atomuhr, die, -en* | atomic clock/watch | Diese Atomuhr geht auf die Sekunde genau. |
| *Digitaluhr, die, -en* | digital clock/watch | Ich finde meine Digitaluhr sehr schick. |
| *Kuckucksuhr, die, -en* | cuckoo clock | Da hängt eine Kuckucksuhr an der Wand. |
| **3 5** **Wettbewerb,** der, -e | competition | Es gibt einen Wettbewerb für Fotografen. |
| **schicken** | (to) send | Hast du ihnen die Fotos schon geschickt? |
| **Fernsehen,** das, * | television | Das Fernsehen sendet viele Quizshows. |
| **3 5 a** **Begründung,** die, -en | reason, explanation | Du warst nicht da. Ich hoffe, du hast eine gute Begründung! |
| **warum** | why | Warum kommst du immer zu spät? |
| **verrückt** | crazy | Bei dem Wetter nur ein T-Shirt? Du bist ja verrückt! |
| **gerade** ≠ ungerade | even ≠ odd | Zwei und vier sind gerade, drei und fünf sind ungerade Zahlen. |
| *Rhabarbermarmelade, die, -n* | rhubarb jam | Rhabarbermarmelade schmeckt süß. |
| *Klang, der, "-e* | sound | Hörst du diesen schönen Klang? |
| *Sommerregen, der, * * | summer rain | + Wollen wir durch den Sommerregen laufen? |
| *Geruch, der, "-e* | smell | − Oh ja, ich liebe diesen Geruch nach Regen! |

| | | |
|---|---|---|
| *Kichererbse, die, -n* | chick pea, garbanzo bean | Heute Mittag gibt es Kichererbsen. |
| **lustig** | funny | Der Film ist sehr lustig. Ich habe viel gelacht. |
| *Sternschnuppe, die, -n* | shooting star | + Gestern Abend habe ich eine Sternschnuppe gesehen. |
| *frei haben (einen Wunsch)* | (to) still have another (wish) | – Dann hast du jetzt einen Wunsch frei. |
| **entfernt** | away | Wie weit ist Berlin von Köln entfernt? |
| 3 5 b **Umfrage,** die, -n | survey | Wie sind die Ergebnisse von der Umfrage? |

### Übungen

| | | |
|---|---|---|
| Ü 1 **Kauffrau,** die, -en | business woman | Sie arbeitet als Kauffrau in einem Verlag. |
| *Hauptschulabschluss, der, "-e* | lower secondary school diploma | Thomas hat jetzt den Hauptschulabschluss. |
| *Großhandelskaufmann/ -kauffrau, der/die, "-er/-en* | wholesaler | Er möchte Großhandelskaufmann werden. |
| **Gedanke,** der, -n | thought | Diesen Gedanken möchte ich nicht zu Ende denken. |
| Ü 1 c <u>ein</u>mal | once | In Kanada habe ich einmal einen Bären gesehen. |

Einheit 1

| Ü4 **VHS,** die, * (*Abk. für* Volks-hochschule) | community college, college of further education | + Machst du einen Kurs an der VHS? |
|---|---|---|
| *Tanzkurs, der, -e* | dance class | – Ja, ich mache einen Tanzkurs. |
| *Frühjahrssemester, das, -* | spring semester | Im Frühjahrssemester fängt der neue Kurse an. |
| **verbessern** | (to) improve | Du bist gut, aber du kannst dich noch verbessern. |
| **verstehen** (sich mit jdm), verstanden | (to) get along | Ich verstehe mich gut mit meiner Kollegin. |
| **passend** | matching | Gibt es zu der Bluse einen passenden Rock? |
| Ü5 **SMS,** die, - *oder* -e | SMS, text message | Hast du meine SMS bekommen? |
| *Finnisch, das, *** | Finnish | Finnisch ist eine schwierige Sprache. |
| *Kleingruppe, die, -n* | small group | Am besten lernt man in Kleingruppen. |
| **komisch** | funny | Du lachst, aber ich finde das gar nicht komisch. |
| *Grundlage, die, -n* | foundation | Latein ist eine gute Grundlage, wenn man Grammatik lernen will. |
| **erfahren,** *erfahren* | (to) hear, learn | + Woher hat sie das erfahren?<br>– Sie hat es gelesen. |
| **einiges** | some (things) | + Kommst du?<br>– Nein, ich habe noch einiges zu tun. |

| | | |
|---|---|---|
| *Vorkenntnis, die, -se* | previous knowledge | + Braucht man für diesen Kurs Vorkenntnisse? |
| *erforderlich* | necessary | – Nein, Vorkenntnisse sind nicht erforderlich. |
| *beherrschen* | (to) master | Er möchte die Grammatik beherrschen. |
| *Funktion, die, -en* | function | Mein Handy hat sehr viele Funktionen. |
| *Einstellung, die, -en* | setting | Ich kann z. B. neue Einstellungen auswählen. |
| **Mailbox,** die, -en | mailbox | Ich habe ihm auf die Mailbox gesprochen. |
| *Rückruf, der, -e* | return call | Jetzt warte ich auf seinen Rückruf. |
| **Grundkurs,** der, -e | basic course | Für Anfänger ist ein Grundkurs ideal. |
| *Gesellschaftstanz, der, "-e* | social dance, ballroom dance | Gesellschaftstänze sind wieder modern. |
| *erlernen* | (to) learn | Sie können verschiedene Tänze erlernen. |
| *Schrittkombination, die, -en* | combination of steps | Einige Schrittkombinationen sind schwer. |
| *Walking, das, *** | walking | + Ich mache jeden Morgen Walking. |
| *im Freien* | outdoors | – Im Fitness-Studio? <br> + Nein, ich laufe im Freien. |
| **Treffpunkt,** der, -e | meeting place | Wollen wir einen Treffpunkt verabreden? |

| **Nịchtschwimmer/in,** der/ die, -/-nen | non-swimmer | Er hat Angst im Wasser, weil er Nicht-schwimmer ist. |
| Ü6 **Wẹbseite,** die, -n | web page | Seine Firma hat jetzt auch eine Webseite. |
| *Japạnisch, das, \** | Japanese | + Kannst du Japanisch sprechen? |
| *Koreạnisch, das, \** | Korean | – Nein, aber ich verstehe etwas Korea-nisch. |
| **wạchsen,** gewạchsen | (to) grow | In seinem Garten wachsen schöne Rosen. |
| Ü8 *Gepard, der, -en* | cheetah | + Habt ihr im Zoo auch Geparden gesehen? |
| *Wạnderfalke, der, -n* | peregrine falcon | – Nein, aber einen schönen Wander-falken. |
| **Ẹrde,** die, \* | Earth | + Es gibt viele schöne Tiere auf der Erde! |
| *Nạcktmull, der, -s* | naked mole rat | – Ja, aber Nacktmulls sind hässlich. |
| **niemand** | nobody | Niemand ist perfekt! |
| *Wạlhai, der, -e* | whale shark | Walhaie leben im Meer. |
| *Blauwal, der, -e* | blue whale | Blauwale sind sehr intelligente Tiere. |
| *zwạr* | indeed | Einige Tiere sind zwar schön, aber nicht intelligent. |
| *Wạl, der, -e* | whale | Aber Wale sind intelligent und schön. |

| *Vogel Strauß, der,* "-/-e | ostrich | Der Vogel Strauß kann nicht fliegen. |
| *Giraffe, die, -n* | giraffe | Giraffen leben in Afrika. |
| *Laufvogel, der,* "- | flightless bird | Laufvögel können nicht fliegen. |

## 2 Familienalbum

| *Familienalbum, das,*<br>*Pl.: Familienalben* | family album | Dieses Foto gehört ins Familienalbum. |
| **Familienfest,** *das, -e* | family celebration | + Feiert ihr oft große Familienfeste? |
| *beglückwünschen (jdn)* | (to) congratulate | – Nein, aber wir beglückwünschen uns immer zum Geburtstag. |
| **ausdrücken** | (to) express | Er hat seine Meinung klar ausgedrückt. |

### 1 Familiengeschichten

| 1❶ **letzter, letzte, letztes** | last | Letztes Jahr sind wir nach Rom gefahren. |
| **hinten** | in the back | Da hinten ist Peter. Siehst du ihn? |

| | | |
|---|---|---|
| **Mitte,** die, * *(in der Mitte)* | (in the) middle | + Im Theater sitze ich gern in der Mitte. |
| **vorn** | in the front | − Ich sitze lieber vorn in der ersten Reihe. |
| **Enkelkind,** das, -er | grandchild | Ich möchte einmal Enkelkinder haben. |
| **fehlen** | (to) miss | + Mein Bruder ist in den USA. Er fehlt mir. |
| **geschieden** (sein) | divorced | − Ist er verheiratet? |
| | | + Nein, er ist geschieden. |
| **Schwester,** die, -n | sister | Aber meine Schwester ist verheiratet. |

**1** **3**

| | | |
|---|---|---|
| *rhythmisch* | rhythmic | Sie macht rhythmische Gymnastik. |
| **mitsprechen,** mitgesprochen | (to) repeat out loud | Sprechen Sie die Wörter laut mit. |
| **Mutter,** die, "- | mother | Meine Mutter ist aus einer großen Familie. |
| **Tante,** die, -n | aunt | Deshalb habe ich vier Tanten ... |
| **Onkel,** der, - | uncle | ... und drei Onkel. |
| **Cousin/Cousine,** der/die, -s/-n | cousin | Und ich habe sehr viele Cousins und Cousinen. |
| **Großvater/-mutter,** der/die, "-/"- | grandfather/-mother | Meine Großmutter ist schon sehr alt. |

| | | | |
|---|---|---|---|
| | *Generation, die, -en* | generation | Die Familie lebt seit vielen Generationen in diesem Haus. |
| | *Er/Sie lebe hoch!* | Long live (the birthday kid)! | Das Geburtstagskind lebe hoch! |
| 1 4 | **Eltern,** die, *Pl.* | parents | Eltern lieben ihre Kinder. |
| | **Single,** der, -s | single | + Lebst du allein?<br>– Ja, ich bin Single. |
| | **ledig** | single/unmarried | + Ist er verheiratet?<br>– Nein, er ist ledig. |

## 2 Familie und Verwandtschaft

| | | | |
|---|---|---|---|
| | **Verwandtschaft,** die, * | relatives | Zu Weihnachten kommt die ganze Verwandtschaft. |
| 2 1 | **Beziehung,** die, -en | relationship | + Hast du eine gute Beziehung zu deinen Verwandten? |
| | **Großeltern,** die, *Pl.* | grandparents | – Ja, meine Großeltern besuche ich oft. |
| | **Oma,** die, -s | grandma | Meine Oma backt dann leckeren Kuchen. |
| 2 2 | **da vorn** | there in the front | + Da vorn auf dem Bild ist Onkel Emil. |
| | **da hinten** | there in the back | – Und da hinten sieht man dich ganz klein. |
| | **Urgroßeltern,** die, *Pl.* | great grandparents | + Leben deine Urgroßeltern noch? |

| | | |
|---|---|---|
| **Opa,** der, -s | grandpa | – Nein, und mein Opa ist schon sehr alt. |
| **Enkel/in,** der/die, -/-nen | grandson/-daughter | Er liebt seine Enkel sehr. |
| **Schwiegersohn, -tochter,** der/die, "-e/"- | son/daughter-in-law | + Du bist wirklich ein toller Schwiegersohn! |
| **Schwiegereltern,** die, *Pl.* | parents-in-law | – Danke, leider denken meine Schwiegereltern das nicht. |
| 2 5 a **Geschwister,** die, *Pl.* | siblings | Hast du viele Geschwister? |
| **Es geht so.** | So, so! | + Wie geht's?<br>– Naja, es geht so. |
| 2 7 **schenken** | (to) give a present | Ich möchte Lena gern etwas schenken. |
| **Geschenk,** das, -e | present | Hast du eine Idee für ein Geschenk? |
| **Blumenstrauß,** der, "-e | flower bouquet | Bring ihr doch einen Blumenstrauß mit. |
| 2 8 b **kariert** | chequered | Das karierte Hemd steht dir sehr gut! |
| 2 9 **Laut,** der, -e | sound | Die Aussprache von dem Laut ist schwer. |
| **Bratwurst,** die, "-e | bratwurst (sausage) | + Magst du Bratwürste? |
| *Weißwurst, die, "-e* | (Bavarian) veal sausage | – Ja, aber noch lieber esse ich Weißwürste. |
| *Weißbier, das, -e* | wheat beer | Und dazu trinke ich ein Weißbier. |

## 3 Familie heute

| | | | |
|---|---|---|---|
| 3 **1** | *Großelterndienst,* der, -e | adopt-a-grandparent service | + Wie hast du den Großelterndienst gefunden? |
| | **Plakat,** das, -e | poster | − Ich habe ein Plakat gesehen. |
| | **Freude,** die, -n | joy, happiness | + Macht dir diese Arbeit Freude? |
| | *Berufung,* die, -en | destiny, calling | − Ja, ich glaube, sie ist meine Berufung. |
| | *engagieren* (jdn) | (to) hire | Ich habe einen Studenten als Babysitter engagiert. |
| | *Existenzhilfe,* die, -n | coping aids | Junge Eltern brauchen Existenzhilfe. |
| | *Alleinerziehende,* der/die, -n | single parent | Alleinerziehende haben es oft schwer. |
| | *Spaßfaktor,* der, -en | fun factor | Kinder können auch ein Spaßfaktor sein. |
| | *Langeweile,* die, * | boredom | Ich arbeite viel. Langeweile habe ich nie. |
| | **Einsamkeit,** die, * | loneliness | Einsamkeit ist ein Problem für viele alte Leute. |
| 3 **1** a | **wofür** | for what | + Wofür ist das Geld? |
| | *Sportprogramm,* das, -e | sport program | − Für ein Sportprogramm für Jugendliche. |
| | **Großfamilie,** die, -n | large family | Großfamilien gibt es heute kaum noch. |

| | | | |
|---|---|---|---|
| *Kinderbetreuung, die, \** | child care | Ohne Kinderbetreuung ist Arbeit für Eltern ein Problem. | |
| 3 1 b **fit halten,** gehalten | (to) keep fit | Er hält sich mit Sport fit. | |
| 3 1 c **aufpassen** (auf jdn oder etw.) | (to) look after | Kannst du kurz auf mein Baby aufpassen? | |
| 3 2 a **Grafik,** die, -en | drawing, illustration, diagram | Auf dieser Grafik sieht man alle Zahlen. | |
| *Priorität, die, -en* | priority | Die Gesundheit hat für mich oberste Priorität. | |
| **Verbindung,** die, -en | connection | Die Verbindung von Beruf und Familie funktioniert oft nicht. | |
| *problematisch* | problematic | Sie ist oft problematisch. | |
| *auswerten* | (to) evaluate, analyse | Er muss die Ergebnisse noch auswerten. | |
| 3 3 a **Treppe,** die, -n | stairs | Wir gehen die Treppe hoch. | |
| **Boden,** der, "- | floor | Alles liegt auf dem Boden – ein Chaos! | |
| **Mieter/in,** der/die, -/-nen | renter, tenant | Wir haben neue Mieter im Haus. | |
| 3 3 b **gegen** | against | Ich bin gegen diese Reise. Sie ist zu teuer. | |
| *Kinderlärm, der, \** | noise made by children | Der Kinderlärm stört mich bei der Arbeit. | |
| **Lärm,** der, \* | noise | Sei leise und mach nicht solchen Lärm! | |

| | | |
|---|---|---|
| **aus**z**iehen** (1), **aus**gezogen | (to) move out | Die Wohnung ist zu klein. Ich will aus-ziehen. |
| *klarkommen mit jdm,* *klargekommen* | (to) get along (with) | Er kommt mit seinen Nachbarn gut klar. |
| **akzept**i**eren** | (to) accept | Ich kann das Angebot nicht akzeptieren. |
| **Streit,** der, -s | conflict, argument | Ich habe immer Streit mit ihm. |
| **manche** | some | Manche Menschen verstehen sich nicht. |
| **stören** | (to) bother | Stört es Sie, wenn ich rauche? |
| **Kinderwagen,** der, - | stroller, baby buggy | Das Baby schläft im Kinderwagen. |
| **gehen** (um etw. oder jdn), gegangen | (to) involve | Was ist das Problem? Worum geht es? |
| **Hof,** der, "-e | yard, courtyard | Die Kinder spielen auf dem Hof. |
| *Hausordnung, die, -en* | house rules | Das ist gegen die Hausordnung. |
| **eben** | just, simply | Es sind eben Kinder. Alle Kinder spielen. |
| **Schluss,** der, * | end | Der Schluss des Films war traurig. |
| **Vermieter/in,** der/die, -/-nen | landlord, landlady | Der Vermieter möchte keine Tiere im Haus haben. |

| | | |
|---|---|---|
| **interessiert** | interested | Sie ist sehr an der Wohnung interessiert. |
| **Miete,** die, -n | rent | Die Miete ist viel zu hoch. |
| *Zuschrift, die, -en* | letter, reply | Er hat 50 Zuschriften auf die Anzeige bekommen. |
| 3 **3** c **Kritik,** die, * | criticism | + Ich kann deine Kritik nicht mehr hören! |
| *Argument, das, -e* | argument | − Ja, aber deine Argumente sind nicht gut. |
| 3 **5** b **wählen** | (to) choose | Ich nehme einen Salat. Und du? Hast du schon gewählt? |
| **hoffen** | (to) hope | Ich hoffe, dass morgen gutes Wetter ist. |

## 4 Familienfeiern – Einladungen

| | | |
|---|---|---|
| **Einladung,** die, -en | invitation | Danke für die Einladung zu deiner Party! |
| 4 **1** *Grußkarte, die, -n* | greeting card | Er schickt mir jedes Jahr eine Grußkarte. |
| **Herzliches Beileid!** | Sincere condolences! | Sie haben Ihren Mann früh verloren. Herzliches Beileid! |
| **Geburt,** die, -en | birth | Das Baby ist da! Es war eine leichte Geburt. |
| *Standesamt, das, "-er* | registry office | Sie heiraten auf dem Standesamt. |
| **Hochzeit,** die, -en | wedding | Wir heiraten, die Hochzeit ist im Mai. |

| | | |
|---|---|---|
| **Alles Gute!** | all the best | Wir wünschen euch alles Gute! |
| **Geburtstagsparty,** *die, -s* | birthday party | + Kommst du zu meiner Geburtstags-party? |
| **Adresse,** *die, -n* | address | − Ja, gern. Wie ist deine Adresse? |
| **Herzlichen Glückwunsch!** | happy birthday | Herzlichen Glückwunsch zum Geburtstag! |
| **Viel Glück!** | good luck | Viel Glück für den Test! |
| 4 **2** *Glückwunschlied, das, -er* | birthday song | In der Schule singen alle ein Glückwunschlied. |
| **singen,** gesungen | (to) sing | Welches Lied singt ihr denn? |
| *stürmen* | (to) storm | Was für ein Wind. Es stürmt! |
| *strahlen* | (to) glow, beam | Er strahlt, weil er glücklich ist. |
| *Sonnenschein, der, \** | sunshine | Das Wetter ist toll. Nur Sonnenschein! |
| *vermissen* | (to) miss | Ich mag Deutschland, aber ich vermisse meine Familie. |
| *beisammen sein* | (to) be together | An Omas Geburtstag sind alle beisammen. |
| *Träne, die, -n* | tear | Bist du traurig? Du hast Tränen in den Augen. |
| 4 **3** *Beileid, das, \** | condolence | Herzliches Beileid! |

| | | |
|---|---|---|
| *aussprechen,* *ausge-* *sprochen* | (to) express | Ich habe ihr mein Beileid ausgesprochen. |
| **gratulieren** | (to) congratulate | Ich gratuliere dir herzlich. |
| **Prüfung,** die, -en | exam | Du hast die Prüfung gut gemacht! |
| *Jubiläum, das, Pl.: Jubiläen* | jubilee, anniversary | Wir feiern heute unser zehnjähriges Jubiläum. |
| **bedanken** (sich) | (to) thank | Ich möchte mich bei allen Gästen bedanken. |
| **Wiedersehen,** das, - | seeing again (Good-bye!) | Auf Wiedersehen! Bis bald! |
| **Vielen Dank!** | Many thanks! | Du hast mir sehr geholfen. Vielen Dank! |
| *verabschieden* | (to) take leave | Sie verabschieden sich am Bahnhof. |
| *schriftlich* | in writing | Sie hat die Gäste schriftlich eingeladen. |

**Übungen**

| | | |
|---|---|---|
| Ü 2 b **einsam** | lonely | + Bist du einsam? |
| **zusammen sein,** gewesen | (to) be together | – Nein, ich bin mit einem Mann zusammen. |
| **zusammenleben** | (to) live together | + Lebt ihr auch zusammen? |

| Ü**5** a | **Hut,** der, "-e | hat | Hüte sind nicht mehr modern. |
| | *gestreift* | striped | Das gestreifte Hemd sieht gut aus. |
| Ü**7** | *meckern* | (to) complain, whine | + Warum meckerst du immer? |
| | *Gehweg, der, -e* | sidewalk | – Die Leute fahren auf dem Gehweg Rad. |
| | **ärgern** (sich über etw./jdn) | (to) be vexed | + Darüber ärgerst du dich? |
| Ü**9** | *Kleinfamilie, die, -n* | small family | Für eine Kleinfamilie ist das Haus zu groß. |
| Ü**11** | **Fest,** das, -e | festival, party | + Du bist schick! Gehst du zu einem Fest? |
| | *Silberhochzeit, die, -en* | silver wedding anniversary | – Ja, meine Eltern feiern Silberhochzeit. |

# 3 Reisen und Mobilität

| *Mobilität, die, \** | mobility | In seinem Beruf ist Mobilität wichtig. |
| **Vermutung,** die, -en | supposition | Diese Vermutung ist falsch. |
| *äußern* | (to) express | Sie dürfen Ihre Meinung gern äußern. |

| | | |
|---|---|---|
| **wahrsch<u>ei</u>nlich** | probably | Der Himmel ist grau. Wahrscheinlich regnet es bald. |
| **b<u>u</u>chen** | (to) book | Er hat den Flug schon gebucht. |
| *Gegensatz, der, "-e* | opposite (in opposition) | Im Gegensatz zu ihm trinkt sie lieber Wein statt Bier. |
| *Alternat<u>i</u>ve, die, -n* | alternative | Allein leben ist auch keine Alternative. |
| **s<u>o</u>llen** | should | Mein Arzt sagt, ich soll nicht rauchen. |

### 1 Eine Reise

**1 ❶**

| | | |
|---|---|---|
| **<u>Au</u>toschlüssel,** der, - | car key | Wo ist denn wieder der Autoschlüssel? |
| *Notebook, das, -s* | notebook | In meinem Notebook stehen alle Termine. |
| **R<u>ei</u>sepass,** der, "-e | passport | Für die New-York-Reise brauchst du einen Reisepass. |
| **S<u>o</u>nnenbrille,** die, -n | sunglasses | Es ist hell. Ich brauche meine Sonnenbrille. |
| **L<u>i</u>ppenstift,** der, -e | lipstick | Sie kauft sich einen roten Lippenstift. |
| *Teddy, der, -s* | teddy (bear) | Der kleine Junge liebt seinen Teddy. |
| **R<u>ei</u>seführer,** der, - | travel guide | Der Tourist liest seinen Reiseführer. |

| | | |
|---|---|---|
| *Kundenkarte, die, -n* | customer card, bank card | Die Kassiererin fragt nach der Kundenkarte. |
| **Fahrkarte,** die, -n | (train) ticket | Er kauft die Fahrkarte am Bahnhof. |
| *Messeausweis, der, -e* | fair pass | Für die Messe braucht man einen Messeausweis. |
| **Kamm,** der, "-e | comb | Wo ist mein Kamm? Meine Haare sehen schlimm aus. |
| **Portemonnaie,** das, -s | wallet | Ich habe nie viel Geld im Portemonnaie. |
| **Kreditkarte,** die, -n | credit card | Kann man hier mit Kreditkarte bezahlen? |
| **Visitenkarte,** die, -n | calling card, business card | Rufen Sie mich an. Hier ist meine Visitenkarte. |
| 1 2 **Geschäftsreise,** die, -n | business trip | Ihr Mann ist oft auf Geschäftsreise. |
| **Messe,** die, -n | fair, exhibition | Als Vertriebsleiter besucht er viele Messen. |
| **Konferenz,** die, -en | conference | Sie muss oft an Konferenzen teilnehmen. |
| **Verwandte,** der/die, -n | relative | Manchmal besucht er seine Verwandten. |
| 1 4 **mitnehmen,** mitgenommen | (to) take/bring with | Hast du deine Kamera mitgenommen? |

## 2 Eine Reise planen und buchen

| | | | |
|---|---|---|---|
| **2 1 a** | **abfahren,** abgefahren | (to) depart | Der Zug fährt um 10:52 Uhr ab. |
| **2 1 b** | **hin** (und zurück) | there | Wir fahren am Montag hin ... |
| | **zurück** | back | ... und am Donnerstag wieder zurück. |
| | **BahnCard,** die, -s | rail card | Mit der Bahncard ist die Fahrt billiger. |
| | *Klasse (2. Klasse bei der Bahn), die, \** | class | Ich fahre immer 2. Klasse. |
| | **bar** (zahlen) | cash | Möchten Sie bar oder mit Karte bezahlen? |
| | **umsteigen,** umgestiegen | (to) change trains | Sie müssen in Dortmund umsteigen. |
| | *ausdrucken* | (to) print (out) | Hast du die Verbindung ausgedruckt? |
| | **Bitte schön!** | You're welcome. | Hier ist Ihre Fahrkarte, bitte schön. |
| | **recherchieren** | (to) research | Das weiß ich nicht. Da muss ich recherchieren. |
| **2 2** | **Reisebüro,** das, -s | travel agency | Sie hat den Flug im Reisebüro gebucht. |
| | **Flug,** der, "-e | flight | Der Flug geht früh morgens. |

| | | |
|---|---|---|
| **Flugzeit,** die, -en | flight time | + Wie ist die genaue Flugzeit?<br>– 8:36 Uhr. |
| **ab** | from | Sie fliegen ab Frankfurt. |
| 2 3 <u>aus</u>wählen | (to) select, choose | Wählen Sie den Wein aus, bitte. |
| *Normaltarif, der, -e* | normal price/fare | Sie fahren zum Normaltarif. |
| *Tarif, der, -e* | price, fare | Gibt es keinen günstigeren Tarif? |
| **Hinfahrt,** die, -en | journey there | Auf der Hinfahrt habe ich nur geschlafen. |
| **ich hätte gern ...** | I would like… | Ich hätte gern zwei Tickets, bitte. |
| **Fahrschein,** der, -e | ticket | Er kauft den Fahrschein im Reisebüro. |
| **Rückflug,** der, "-e | return flight | Ihr Rückflug geht morgen früh. |
| **Direktflug,** der, "-e | direct flight | Sie hat einen Direktflug gebucht. |
| **Reservierung,** die, -en | reservation | Haben Sie eine Sitzplatzreservierung? |
| 2 4 **Buchung,** die, -en | booking | Die Buchung im Internet ist bequem. |
| **Dauer,** die, * | duration | Die Reisedauer ist per Bus länger. |
| 2 5 *Reiseplan, der, "-e* | travel plan | Hast du schon Reisepläne für den Sommer? |

| | | | |
|---|---|---|---|
| | **dauern** | (to) take (time) | Der Flug dauert vier Stunden. |
| 2 6 | **Fahrplan,** der, "-e | time-table | + Hast du den Fahrplan angesehen? |
| | *Regionalzug, der, "-e* | regional train | – Ja, der Regionalzug fährt in zehn Minuten. |
| | **Gleis,** das, -e | track | Der Zug fährt von Gleis 5 ab. |
| 2 7 | **aussteigen,** ausgestiegen | (to) get off | Wir sind da. Wir müssen aussteigen. |
| | *Fußweg, der, -e* | by foot | Zum Kino sind es nur 15 Minuten Fußweg. |
| | *Platzkarte, die, -n* | reserved seat | Im Theater gibt es Platzkarten. |
| | **Ticket,** das, -s | ticket | + Hast du die Tickets gekauft? |
| | **Sitzplatz,** der, "-e | seat | – Ja, wir haben gute Sitzplätze ganz vorne. |

## 3 Aufforderungen und Alternativen

| | | | |
|---|---|---|---|
| | *Aufforderung, die, -en* | request | Nach vielen Aufforderungen hat er die Rechnung endlich bezahlt. |
| 3 1 a | **Nachricht,** die, -en | news | Er hatte einen Unfall. Was für eine schlechte Nachricht! |
| 3 2 | **mitbringen,** mitgebracht | (to) bring with/along | Bring deinen Freund zu meiner Party mit. |

| | | |
|---|---|---|
| **3 3** *Latte Macchiato, der, -* | Latte Macchiato, espresso with milk | Ich trinke gern Kaffee. Am liebsten Latte Macchiato. |
| **Espresso,** der, -/i | espresso | Nach dem Essen trinkt sie einen Espresso. |
| *koffeinfrei* | caffeine-free, decaffeinated | Abends trinkt er nur koffeinfreien Kaffee. |
| *Süßstoff, der, \** | artificial sweetener | Zucker macht dick. Ich nehme Süßstoff. |
| **sofort** | immediately | + Kommst du?<br>– Ja, ich komme sofort. |
| *Quizshow, die, -s* | quiz show | Im Fernsehen gibt es viele Quizshows. |

**4 Gute Fahrt!**

| | | |
|---|---|---|
| **Gute Fahrt!** | Have a good trip! | Gute Reise! Gute Fahrt! |
| **4 1** *S-Bahn-Impression, die, -en* | urban train impressions | Diese Fotos sind S-Bahn-Impressionen. |
| **4 1** b *Stillstand, der, \** | standstill | Stillstand ≠ Bewegung |
| *Neubau, der, Pl.: Neubauten* | new building | Das ist ein Neubau aus den 90er Jahren. |
| **4 2** schauen | (to) look | Ich schaue gern aus dem Fenster. |
| **4 3** a schwierig | difficult | Die deutsche Grammatik ist schwierig. |

Einheit 3

| | | |
|---|---|---|
| *Maulwurf, der, "-e* | mole | Euer Garten sieht schlimm aus. Sind da Maulwürfe? |
| *Meise, die, -n* | titmouse | Meisen sind süße kleine Vögel. |
| **beschließen**, *beschlossen* | (to) decide | Wir ziehen um. Das haben wir gestern beschlossen. |
| **verreisen** | (to) travel | Im Urlaub möchten wir verreisen. |
| **ob** | if, wether | Wisst ihr schon, ob ihr mit dem Auto fahrt? |
| **dabei** | doing it | Er spielt Tennis. Er hat viel Spaß dabei. |
| *Ameise, die, -n* | ant | Ameisen sind kleine Tiere, die viel arbeiten. |
| *verzichten* | (to) renounce, do without | Ich brauche kein Auto. Ich verzichte darauf. |
| *weise* | wise | Meine Großmutter kennt das Leben. Sie ist eine weise Frau. |
| **4** **Vergangenheit,** die, * | past | Du denkst zu viel an die Vergangenheit. |
| **Zukunft,** die, * | future | Die Zukunft liegt vor dir. Sie ist wichtiger! |
| **vorhaben** | (to) intend/plan | Was hast du denn in der Zukunft vor? |

### Übungen

| | | |
|---|---|---|
| **Ü2** **Wiederholung,** die, -en | repetition | Diese Übung ist eine Wiederholung. |

| Ü3 **ausmachen** | (to) turn off | Kannst du bitte das Radio ausmachen? |
| **Doppelzimmer,** das, - | double room | Wir haben ein Doppelzimmer reserviert. |
| *Blick,* der, -e | view | Wir haben einen schönen Blick aufs Meer. |
| *(Schweizer) Franken,* der, - | (Swiss) franks | In der Schweiz zahlt man mit Schweizer Franken. |
| Ü5 a **Dusche,** die, -n | shower | Es ist heiß. Ich möchte unter die Dusche. |
| *Klimaanlage,* die, -n | air-conditioning | Das Hotel hat eine Klimaanlage. |
| *Minibar,* die, -s | mini-bar | + Hatten Sie etwas aus der Minibar? – Ein Bier. |
| *Pool,* der, -s | pool | Morgens gehe ich im Pool schwimmen. |
| **Tennisplatz,** der, "-e | tennis court | Es gibt auch einen Tennisplatz. |
| *Animateur/in,* der/die, -e/-nen | activities leader | Im Urlaub hatten wir gute Sport-Animateure. |
| Ü7 **Nacht,** die, "-e | night | In der Nacht hatte ich einen Traum. |
| **stellen** (2) | (to) place | Er stellt das Bier in den Kühlschrank. |
| *Anmeldeformular,* das, -e | registration form | Bitte schreiben Sie Ihren Namen und Ihre Adresse auf das Anmeldeformular. |
| Ü8 a **kopieren** | (to) copy | Ich brauche diesen Text. Kann ich ihn schnell kopieren? |

| **abschließen,** abgeschlossen | (to) lock | Du musst die Tür noch abschließen. |

| Ü🔟 | *Hundeschlitten, der, -* | dogsled | + Wir sind mit dem Hundeschlitten gefahren. |
| | *Elektrizität, die, \** | electricity | − Hattet ihr dort in der Natur Elektrizität? |
| | **Feuer,** das, - | fire | + Nein, wir haben ein Feuer gemacht. |

## Station 1

### 1  Berufsbild selbstständige Übersetzerin

| | *selbstständig* | freelance, self-employed | + Bist du angestellt?<br>− Nein, ich bin selbstständig. |
| | *Übersetzer/in, der/die, -/-nen* | translator | Er arbeitet als Übersetzer bei Gericht. |
| | *Geschäftsidee, die, -n* | business idea | Das war eine erfolgreiche Geschäftsidee. |
| 1❷ | *Berufswahl, die, \** | choosing an occupation | Die Berufswahl ist heute schwierig. |
| | *Magister, der, \* (akad. Titel)* | masters | In welchem Fach hast du deinen Magister gemacht? |
| | *Übersetzung, die, -en* | translation | Hast du eine Übersetzung von dem Buch? |

| | | |
|---|---|---|
| *dolmetschen* | (to) interpret, translate simultaneously | Ich spreche kein Russisch. Wer kann dolmetschen? |
| *ausländisch* | foreign | Hier gibt es viele ausländische Studenten. |
| *Magisterarbeit, die, -en* | masters thesis | Er muss seine Magisterarbeit schreiben. |
| *tippen* | (to) type | Den Text tippt er am Computer. |
| *Kommunikationsexperte/ -expertin, der/die, -n/-nen* | communications expert | Firmen brauchen erfahrene Kommunikationsexperten. |
| *anfragen* | (to) ask for | Haben Sie bei der Firma schon den Termin angefragt? |
| *Bedienungsanleitung, die, -en* | instruction manual | Wo ist die Bedienungsanleitung von meinem Handy? |
| *anstrengend* | strenuous | Die Arbeit ist anstrengend. |
| *konzentrieren (sich)* | (to) concentrate | Ich muss mich konzentrieren, sei bitte leise. |
| *bekannt* | well-known, famous | Madonna ist überall auf der Welt bekannt. |
| *Lettisch, das, \** | Latvian | + Sprechen Sie Lettisch? |
| *Albanisch, das, \** | Albanian | − Nein, aber ich spreche Albanisch. |
| *Auftrag, der, "-e* | order, contract | Der Firma geht es gut. Sie hat viele Aufträge. |

| | | | |
|---|---|---|---|
| | *praktisch* | practical, conveniant | Eine Spülmaschine ist sehr praktisch. |
| | *Feierabend, der, -e* | end of work | Die Arbeit ist vorbei. Endlich Feierabend! |
| | *regelmäßig* | regular(ly) | Sie geht regelmäßig jeden Montag schwimmen. |
| | *Angestellte, der/die, -n* | employee | Er arbeitet als Angestellter bei Siemens. |
| 1 4 | *Wörterbuchauszug, der, "-e* | excerpt from a dictionary | Lesen Sie diesen Wörterbuchauszug. |
| | *Auszug, der, "-e* | excerpt | Ich habe nur einen Auszug gelesen. |
| 1 5 a | *Vorbereitung, die, -en* | preparation | Hilfst du mir bei den Vorbereitungen für die Party? |
| | *zu dritt* | three together | Wir sind zu dritt: Max, Luise und ich. |
| | *Institutsleiter/in, der/die, -/-nen* | director of the institute | Der Institutsleiter ist der Chef vom Institut. |
| | *reden* | (to) talk | Der Präsident redet nur, aber er tut nichts. |
| 1 6 | *Zeile, die, -n* | line | Ich schreibe dir schnell ein paar Zeilen. |

## 2 Grammatik – Spiele – Training

| | | | |
|---|---|---|---|
| 2 1 a | *dick* | fat | Er ist dick, weil er zu viel Schokolade isst. |

| | | | |
|---|---|---|---|
| 2 1 b | *Kombination, die, -en* | combination | Diese Kombination passt nicht zusammen. |
| 2 2 | *Gedächtnisspiel, das, -e* | memory game | Wir spielen ein Gedächtnisspiel. |
| 2 2 a | *merken (sich)* | (to) keep in mind, memorise | Er hat sich meine Telefonnummer gemerkt. |
| | *möglich* | possible | Es ist nicht möglich, sich alles zu merken. |
| 2 2 c | *herkommen, hergekommen* | (to) come (here) | Komm mal her zu mir! |
| 2 3 | *Selbstevaluation, die, -en* | self evaluation | Wie ist das Ergebnis deiner Selbstevaluation? |
| 2 3 b | *männlich* | masculine | Männer sind männlich. |
| | *weiblich* | feminine | Frauen sind weiblich. |
| 2 4 | *Wissenschaftler/in, der/die, -/-nen* | scientist | Er ist Wissenschaftler an der Uniklinik. |
| | *schlank* | thin, slender | Sie ist groß und schlank. |
| | *mindestens* | at least | Die Fahrt dauert mindestens zwei Stunden. |

## 3 Videostation 1

| 3 1 | *Filmabschnitt, der, -e* | film clip | Sie sehen einen kurzen Filmabschnitt. |
| | *Filmteam, das, -s* | film team | Das Filmteam hat gut zusammen gearbeitet. |
| 3 2 | *öffnen* | (to) open | Kannst du bitte das Fenster öffnen? |
| | *Kopie, die, -n* | copy | Kannst du mir eine Kopie von der Seite machen? |
| 3 8 | *zurückkommen, zurück-gekommen* | (to) come back | Er kommt heute aus Kuba zurück. |
| 3 9 | <u>*Obstanbaugebiet*</u>*, das, -e* | fruit growing region | Im Obstanbaugebiet wächst viel Obst. |
| | *Apfelbaum, der, "-e* | apple tree | Wir haben einen Apfelbaum im Garten. |
| | *Erntezeit, die, -en* | harvest (time) | Die beste Erntezeit ist im Herbst. |
| | *Apfeldiplom, das, -e* | apple diploma | Du hast ein Apfeldiplom? Warst du im Alten Land? |
| | <u>*Obstbauer*</u>*, der, -n* | fruit grower | Er arbeitet als Obstbauer. |
| | *Bauer, der, -n* | farmer | Ich komme vom Land. Mein Vater ist Bauer. |

## 4 Magazin: Mehrsprachigkeit und Sprachen lernen

| | | |
|---|---|---|
| *Magazin, das, -e* | magazine | Hast du das Magazin schon gelesen? |
| *traditionell* | traditional | Hier gibt es noch traditionelle Küche. |
| *mehrsprachig* | multi-lingual | Die Schweiz ist ein mehrsprachiges Land. |
| *Bildung, die, \** | education | Junge Leute brauchen eine gute Bildung. |
| *Wissenschaft, die, -en* | science | Medizin ist eine wichtige Wissenschaft. |
| *Schulbildung, die, \** | school education | Es gibt keine Alternative zur Schulbildung. |
| *Diplomatie, die, \** | diplomacy | Sie hat das Problem mit viel Diplomatie gelöst. |
| *Amtssprache, die, -n* | official language | Französisch ist in Algerien die Amtssprache. |
| *Sprichwort, das, "-er* | proverb | Dieses Sprichwort ist sehr weise. |
| *kämpfen* | (to) fight | Ein Sportler muss kämpfen können. |
| *drehen* | (to) turn | Das Bild hängt falsch. Du musst es drehen. |
| *entdecken* | (to) discover | Ich habe ein schönes Café entdeckt. |
| *Kindheit, die, \** | childhood | Er hatte eine schlimme Kindheit. |

| *Erfahrung, die, -en* | experience | Jede Reise ist eine neue Erfahrung. |
| *körperlich* | physical | Körperliche Arbeit ist anstrengend. |
| *wunderbar* | wonderful | Der Urlaub war toll, einfach wunderbar! |
| *begegnen* | (to) meet | Sind wir uns schon irgendwo begegnet? Ich kenne Sie. |
| *Lernhilfe, die, -n* | learning aid | Dieses Vokabeltaschenbuch ist eine Lernhilfe. |
| *pro (2) ≠ contra* | pro, for | für ≠ gegen |
| *Medium, das, Pl.: Medien* | medium, media | Diese Nachricht war in allen Medien. |
| *mailen* | (to) email | Ich maile dir die Bilder als Datei. |
| *downloaden* | (to) download | Du kannst die Bilder dann downloaden. |
| *skandinavisch* | Scandinavian | In den skandinavischen Ländern ist es kalt. |
| *Lerner/in, der/die, -/-nen* | learner | Alle Lerner benutzen ein Wörterbuch. |
| *contra ≠ pro* | contra, against | gegen ≠ für |
| *Katastrophe, die, -n* | catastrophe | Das Haus ist voll Wasser, eine Katastrophe! |
| *überall* | everywhere | Englisch lernt man überall auf der Welt. |

| | | |
|---|---|---|
| **Imbiss,** *der, -e* | fast food kiosk | Komm, wir essen schnell etwas am Imbiss. |
| **Schuster,** *der, -* | shoemaker | Der Schuster repariert die kaputten Schuhe. |
| **klingen,** *geklungen* | (to) sound | Es klingt sehr schön, wenn sie singt. |
| **aufnehmen,** *aufgenommen* | (to) record | Er nimmt das Lied auf Kassette auf. |
| **Kommentar,** *der, -e* | commentary | Er schreibt einen kritischen Kommentar. |
| **malen** | (to) paint | Picasso hat interessante Bilder gemalt. |

## 4 Aktiv in der Freizeit

| | | |
|---|---|---|
| **aktiv** | active | Sie hat viele Hobbys. Sie ist sehr aktiv. |
| **positiv** | positive | Ich denke positiv. Das Leben ist schön. |
| **negativ** | negative | Ich denke negativ. Die Welt ist schlecht. |
| **überrascht** | surprised | Was machst du hier? Ich bin überrascht. |

| | | |
|---|---|---|
| **reagieren** (auf etw.) | (to) react | Er hat sehr überrascht auf den Besuch reagiert. |
| **wenige** | few | Hier gibt es nur wenige Touristen. |
| *emotional* | emotional | Er ist ein emotionaler Mensch. |

### 1 Hobbys

**1 1**

| | | |
|---|---|---|
| **Software,** die, * | software | Mein Computer hat eine moderne Software. |
| *Berater/in, der/die, -/-nen* | counsellor, advisor, consultant | Der Berater hat sie mir empfohlen. |
| **LKW-Fahrer/in,** der/die, -/-nen | truck/lorry driver | Er ist LKW-Fahrer von Beruf. |
| **Fahrer/in,** der/die, -/-nen | driver | Als Fahrer ist er immer unterwegs. |
| **reiten,** geritten | (to) ride | Ich mag Pferde. Als Kind bin ich geritten. |
| *Marathon, der, -s* | marathon | Sie trainiert für den nächsten Marathon. |

**1 2**

| | | |
|---|---|---|
| **testen** | (to) test | Wir müssen diese neue Software testen. |
| *Beratung, die, -en* | consultation, advice | Wie geht das? Ich brauche Beratung. |
| **regelmäßig** | regular(ly) | Er geht regelmäßig zum Sport. |

| **Besucher/in,** der/die, -/-nen | visitor | Es kommen viele Besucher in das Museum. |
|---|---|---|
| **aufbauen** | (to) build | Sie bauen das kaputte Haus wieder auf. |
| **Arbeiter/in,** der/die, -/-nen | worker | Der Arbeiter freut sich auf seinen Urlaub. |
| **allein lassen,** gelassen | (to) leave alone | Ich kann mein Kind nicht allein lassen. |
| *Streckenrekord, der, -e* | course record | Sie ist einen neuen Streckenrekord gelaufen. |
| **Sieger/-in,** der/die, -/-nen | winner | Die Siegerin ist glücklich. |
| **bereits** | already | + Ich war bereits dreimal in Köln. Und Sie? |
| **Mal,** das, -e | (first, second,...) time | − Ich bin zum ersten Mal hier. |
| *Favorit/in, der/die, -en* | favourite | Er hat oft gewonnen. Er ist der Favorit. |
| *Vorbeikommen, das, \** | (to) avoid something | Das Vorbeikommen an ihm ist unmöglich. |
| **Kilometer,** der, - | kilometre | Ein Kilometer ist 1000 Meter lang. |
| **Sekunde,** die, -n | second | Eine Minute hat 60 Sekunden. |
| **insgesamt** | in all | Insgesamt habe ich 687 Bücher. |

| | | | |
|---|---|---|---|
| **Läufer/-in,** der/die, -/-nen | runner | Im Park sieht man morgens viele Läufer. | **46** |
| **1 3** *Toncollage, die, -n* | sound collage | Bitte hören Sie die Toncollage. | |
| **Collage,** die, -n | collage | Das ist eine Collage aus verschiedenen Aufnahmen. | |
| **Chor,** der, "-e | choir | Sie singt im Chor. | |
| **Motorrad,** das, "-er | motorcycle | Er fährt Motorrad. | |
| *Salsa, die, \** | salsa | Sie tanzen Salsa. | |
| **Klavier,** das, -e | piano | Er spielt Klavier. Am liebsten Mozart. | |
| **Briefmarke,** die, -n | stamp | Er sammelt Briefmarken. | |
| **sammeln** | (to) collect | Sie sammelt schöne Vasen. | |
| **1 4** *Hard-Rock-Band, die, -s* | hard rock band | Er ist Musiker in einer Hard-Rock-Band. | |

## 2 Freizeit und Forschung

| | | |
|---|---|---|
| *Forschung, die, -en* | research | Die medizinische Forschung ist wichtig. |
| **2 1** *Forschungsinstitut, das, -e* | research institute | Der Wissenschaftler arbeitet an einem Forschungsinstitut. |
| **70er Jahre,** die, *Pl.* | 1970's | Er mag die Musik aus den 70er Jahren. |

| | | |
|---|---|---|
| *elektronisch* | electronic | Sie hasst elektronische Musik. |
| *Freizeitmedium, das,* Pl.: *Freizeitmedien* | leisure medium | Ein Videospiel ist ein Freizeitmedium. |
| **DVD,** die, -s | DVD | Wollen wir einen Film auf DVD sehen? |
| **stressig** | stressful | Die Arbeit ist stressig. |
| **ausschlafen,** ausgeschlafen | (to) get enough sleep, sleep in | Ich bin müde und möchte mal ausschlafen. |
| *Wellness, die,* * | wellness | Morgen mache ich einen Wellness-Tag. |
| **entspannen** (sich) | (to) relax | Nach der Arbeit will ich mich entspannen. |
| **Yoga,** das, * | yoga | Beim Yoga kann ich den Stress vergessen. |
| **Sauna,** die, Pl.: Saunen | sauna | Im Winter gehe ich oft in die Sauna. |
| *Trend, der, -s* | trend | Die Mode der 80er liegt wieder im Trend. |
| **Jahrtausend,** das, -e | millennium | In welchem Jahrtausend leben wir? |
| **früher** | earlier, in the past | Früher gab es nicht so viele Autos. |
| **sparen** | (to) save | Ich kaufe das nicht, ich muss sparen. |
| *skaten* | to (in-line) skate | Im Sommer gehe ich gern skaten. |

| | | |
|---|---|---|
| **treffen**, getroffen | (to) meet, get together | Wollen wir uns im Café treffen? |
| **beschäftigen** (sich mit etw.) | (to) busy (oneself with something) | Er beschäftigt sich viel mit Literatur. |
| **Haustier,** das, -e | pet | + Hast du ein Haustier?<br>− Ja, eine Katze. |
| **Essen,** das, - | food | Kommt, das Essen ist fertig! |
| *out (sein)* | out | Alkohol und Zigaretten sind out, Wellness ist in! |
| **Bundesbürger/in,** der/die, -/-nen | German citizen | 38 % der Bundesbürger interessieren sich nicht für Politik. |
| **Erfahrung,** die, -en | experience | Jede Reise ist eine neue Erfahrung. |
| **Leiter/in,** der/die, -/-nen | leader, director | Sie ist die Leiterin der Schule. |
| **2 3**   **unterschreiben,** unterschrieben | (to) sign | + Muss ich dieses Dokument unterschreiben? |
| **Unterschrift,** die, -en | signature | − Ja bitte, ich brauche Ihre Unterschrift. |
| *spontan* | spontaneous | Gestern sind wir spontan tanzen gegangen. |
| **2 4**   **oh** | oh | Oh, was machst du denn hier? |
| **2 5**   **umziehen** (sich) | (to) change (clothes) | Diese Hose ist zu warm, ich ziehe mich um. |

| | | |
|---|---|---|
| **schminken** | (to) put on makeup | Du siehst gut aus. Hast du dich geschminkt? |
| **rasieren** | (to) shave | Er rasiert sich jeden Morgen. |
| **duschen** | (to) shower | Nach dem Sport muss ich mich duschen. |
| **eincremen** | (to) put on cream | Ich creme mich immer mit einer Lotion ein. |
| **abtrocknen** | (to) dry (oneself) off | Nach dem Duschen trocknet sie sich ab. |
| 2 8 a **Schema, das,** *Pl.:* Schemata | system, pattern, schema | Dieses Wort passt nicht in das Schema. |
| 2 8 b **ungesund** ≠ gesund | unhealthy | Schokolade ist ungesund, Obst ist gesund. |
| **surfen** | (to) surf | Es ist windig. Wollen wir surfen gehen? |

## 3 Leute kennen lernen – im Verein

| | | |
|---|---|---|
| **Verein, der, -e** | club, association, society | Bist du Mitglied in einem Verein? |
| *Zusammensein, das,* * | being together | Mir ist das Zusammensein mit Freunden wichtig. |
| **renovieren** | (to) renovate, redecorate | Er muss seine Wohnung renovieren. |
| *Vereinsheim, das, -e* | clubhouse | Die Mitglieder treffen sich im Vereinsheim. |

| | | |
|---|---|---|
| **3 1 a** *Tierschutzverein, der, -e* | society for the protection of animals | Sie ist im Tierschutzverein, weil sie Tiere mag. |
| **3 1 b** *Tanzschule,* die, -n | dance school | Er lernt Salsa in der Tanzschule. |
| *Tennisverein, der, -e* | tennis club | Sie spielt Tennis im Tennisverein. |
| *Handballverein, der, -e* | handball club | Er spielt Handball im Handballverein. |
| *Vereinsleben, das, \** | club-life | Das Vereinsleben macht ihnen Spaß. |
| *Gesangsverein, der, -e* | singing club | Sie singen im Gesangsverein. |
| *Turnverein, der, -e* | athletic club | Er turnt im Turnverein. |
| **gründen** | (to) found | Wollen wir einen Verein gründen? |
| **politisch** | political | Es gibt viele politische Vereine. |
| *engagieren (sich)* | (to) do a lot for | Er engagiert sich für alte Menschen. |
| *Kaninchenzüchter/in, der/die, -/-nen* | rabbit breeder | Mein Opa war Kaninchenzüchter. |
| *Naturschützer/in, der/die, -/-nen* | conservationist | Die Naturschützer kämpfen für die Umwelt. |
| **3 2** **Dorf,** das, "-er | village | In unserem Dorf gibt es 4000 Einwohner. |

| | | |
|---|---|---|
| **mindestens** | at least | Er raucht mindestens 20 Zigaretten am Tag. |
| *Reitverein, der, -e* | riding club | Sie ist im Reitverein. Sie liebt Pferde. |
| **Feuerwehr,** die, -en | fire department | Hilfe! Bitte holen Sie die Feuerwehr! |
| **verbringen,** verbracht | (to) spend (time) | Diesen Urlaub habe ich am Meer verbracht. |
| *Reitturnier, das, -e* | riding competition | Sie hat das Reitturnier gewonnen. |
| *Radrennen, das, -* | cycle racing | Er trainiert für das Radrennen. |
| *Billard, das, *\** | billiards | In dieser Kneipe kann man Billard spielen. |
| **Sportverein,** der, -e | sports club | Bist du Mitglied in einem Sportverein? |
| **3 3** **malen** | (to) paint | Picasso hat interessante Bilder gemalt. |
| **3 4** **womit** | with what | Womit beschäftigst du dich am liebsten? |

**4 Das (fast) perfekte Wochenende**

| | | |
|---|---|---|
| **perfekt** | perfect | Sie sprechen ja perfekt Deutsch! |
| **4 1 a** **putzen** | (to) clean | Samstags putzen wir immer die Wohnung. |
| **Mann!** *(Ausruf)* | Man! *(exclamation)* | Mann! Kannst du nicht aufpassen? |

Einheit 4

| | | |
|---|---|---|
| **wütend** | angry | Mein Chef ist wütend, weil ich oft zu spät komme. |
| **4 1 b** *Reaktion, die, -en* | reaction | Ich kann seine wütende Reaktion verstehen. |
| **furchtbar** | terrible | Kannst du das ausmachen? Die Musik ist furchtbar! |
| **wieso** | why, how come | Wieso bist du zu Fuß gekommen? |
| **Echt?** (= Wirklich?) | Really? | + Das Auto ist kaputt gegangen.<br>– Echt? |
| **Ach du Schande!** | Oh my goodness! | Ach du Schande, ein Unfall! |
| **Das gibt's doch gar nicht!** | That's impossible! | Das gibt's doch gar nicht, das kann ich nicht glauben! |
| **So ein Pech!** | Bad luck! | Das neue Auto ist kaputt, so ein Pech! |
| **erholen** (sich) | (to) recuperate, relax | Im Urlaub kannst du dich richtig erholen. |
| **Biergarten, der, "-** | beer garden | Bei gutem Wetter sitzen wir im Biergarten. |
| **Das hört sich gut an.** | That sounds good. | Eine tolle Idee, das hört sich gut an. |
| **4 2** **reden** | (to) talk | Männer reden viel weniger als Frauen. |
| **ständig** | incessantly | Er redet ständig über Politik. |
| **wovon** | about what | Wovon sprecht ihr so leise? |

| | | |
|---|---|---|
| **4 3** *Ausruf*, der, -e | exclamation | „Hurra" = ein Ausruf bei Freude |
| **4 3 a Mist!** | Shit! | Ich habe die Schlüssel vergessen. Mist! |
| **schneiden**, geschnitten | (to) cut | Aua, ich habe mich geschnitten! |
| *Spinne*, die, -n | spider | An der Wand sitzt eine dicke Spinne. |
| **gewinnen**, gewonnen | (to) win | Sie haben das Fußballspiel gewonnen. |
| **4 3 b Gefühl,** das, -e | feeling | Liebe ist ein starkes Gefühl. |
| **4 4 Tschechisch,** das, * | Czech | Sprechen Sie Tschechisch? |
| **4 5 Einkaufen,** das, * | shopping | Zum Einkaufen braucht man Geld. |

**Übungen**

| | | |
|---|---|---|
| **Ü 1 a** *Eisschwimmer/in,* der/die, -/-nen | swimmer in ice-cold water | Eisschwimmer sind doch verrückt! |
| *Eisschwimmen,* das, * | (to) swim in ice-cold water | Das Eisschwimmen ist sehr gesund. |
| **vorbereiten** | (to) prepare | Er muss sich auf die Prüfung vorbereiten. |
| *Winterschwimmer/in,* der/die, -/-nen | winter swimmer | Winterschwimmer mögen Kälte. |

Einheit 4

| | | |
|---|---|---|
| *Badekleidung, die, \** | swim wear | Nimm Badekleidung mit, wir wollen schwimmen gehen. |
| Ü**5** **Medium,** *das, Pl.:* Medien | medium, media | Das Internet ist ein wichtiges Medium. |
| *Nichtstun, das, \** | doing nothing, faineance | Er liebt das Nichtstun am Sonntag. |
| Ü**6**a *Unpünktlichkeit* ≠ *Pünktlichkeit, die, \** | unpunctuality | Seine Unpünktlichkeit macht mich wütend. |
| **endlich** | finally | Da bist du ja endlich, es ist spät! |
| Ü**7** *zum Glück* | luckily | Zum Glück hatten wir gutes Wetter. |
| Ü**9**b **Weihnachtsfeier,** *die, -n* | Christmas party | Unsere Firma macht jedes Jahr eine Weihnachtsfeier. |
| *Alltagsdeutsch, das, \** | everyday German | Alltagsdeutsch kann er schon gut verstehen. |
| *Sprachverein, der, -e* | language club | Er ist Mitglied in einem Sprachverein. |
| *Kulturverein, der, -e* | culture/folklore club | Unser Kulturverein organisiert viele Feste. |
| **offen** (sein für etw.) | open | Wir sind immer offen für neue Ideen. |

**5** **Medien**

| *persönlich* | personal(ly) | Ich habe ein persönliches Gespräch mit dem Chef. |
| **Mitteilung,** die, -en | message, information | Ich habe eine wichtige Mitteilung für ihn. |
| **reklamieren** | (to) complain, return | Das Radio funktioniert nicht, ich möchte es reklamieren. |

## 1 Medien gestern und heute

| *ägyptisch* | Egyptian | Die ägyptische Kultur ist sehr alt. |
| *Schriftzeichen, das, -* | character, hieroglyph | Kannst du diese Schriftzeichen lesen? |
| *Digitalkamera, die, -s* | digital camera | Er macht Fotos mit der Digitalkamera. |
| *PDA, der, -s (Persönlicher Digitaler Assistent)* | personal digital assistant | Ohne seinen PDA vergisst er alle Termine. |
| *Grammophon, das, -e* | gramophone | Meine Großmutter hatte ein Grammophon. |
| *Schallplatte, die, -n* | record | Ich habe als Kind noch Schallplatten gehört. |
| *MP3-Player, der, -* | MP3 player | Heute benutze ich einen MP3-Player. |
| 1 **1** **nutzen** | (to) use | + Wie oft nutzt du deinen DVD-Player? |
| **selten** | seldom | – Sehr selten, vielleicht zweimal pro Jahr. |

**2 1** **st<u>e</u>cken** (in etw.) | (to) stick (in) | Steck das Geld ins Portemonnaie!

**<u>au</u>fkleben** | (to) stick (with glue) | Er klebt die Briefmarke auf den Umschlag.

**<u>A</u>bsender,** der, - | sender | + Von wem ist der Brief? Steht da ein Absender?

**<u>U</u>mschlag,** der, "-e | envelope | – Nein, auf dem Umschlag steht nichts.

**vorb<u>ei</u>laufen,** vorb<u>ei</u>gelaufen | (to) walk by | Du bist an mir vorbeigelaufen, aber du hast mich nicht gesehen.

**Br<u>ie</u>fkasten,** der, "- | mailbox | Sie steckt den Brief in den Briefkasten.

**P<u>o</u>st,** die, * | post office | Ich muss noch zur Post, ein Paket abgeben.

**<u>au</u>sziehen** (2), <u>au</u>sgezogen | (to) take off | Mir ist warm, ich ziehe die Jacke aus.

**<u>ei</u>nwerfen,** <u>ei</u>ngeworfen | (to) throw in | Kannst du den Brief für mich einwerfen?

**<u>u</u>nangenehm** ≠ <u>a</u>ngenehm | unpleasant | Das Gespräch mit dem Chef war unangenehm.

**Entsch<u>u</u>ldigung,** die, -en | excuse | Das ist keine Entschuldigung!

**2 2 b** **w<u>e</u>rfen,** gew<u>o</u>rfen | (to) throw | Das Kind wirft den Ball auf die Straße.

**2 3** **P<u>a</u>sswort,** das, "-er | password | Mist, ich habe das Passwort vergessen!

| 2 4 | **Schatz,** der, * *(Kosename)* | sweetheart, dear | Ich liebe dich, mein Schatz. |
|---|---|---|---|
| | **erinnern** (jdn an etw.) | (to) remind (s.o. of s.th.) | Die Sekretärin erinnert den Chef an den Termin. |
| | **besprechen,** besprochen (etw. mit jdm) | (to) talk about, discuss | Er bespricht das Problem mit ihr. |
| | **Lust,** die, * | desire | + Hast du Lust auf ein Video? |
| | **Vorschlag,** der, "-e | suggestion, proposal | − Ja, das ist ein guter Vorschlag! |
| 2 5 b | **halten,** gehalten | (to) stop | Der Zug hält hier, ich muss aussteigen. |
| | **anhören** | (to) listen to | Er hört sich die CD an. |
| 2 6 | **übertreiben,** übertrieben | (to) exaggerate | Glaub ihm nicht, er übertreibt gern. |
| | **E-Mail-Adresse,** die, -n | email address | Haben Sie meine E-Mail-Adresse? |
| | *Rückantwort, die, -en* | reply | Ich hoffe auf schnelle Rückantwort. |
| 2 7 | **heben,** gehoben | (to) lift | Die Tasche ist sehr schwer. Ich kann sie nicht mal heben! |

## 3 Einkaufen im Internet

| | | | |
|---|---|---|---|
| **3 1** | **Zeitschrift,** die, -en | magazine | Beim Arzt lese ich immer Zeitschriften. |
| | *Sportartikel, der, -* | athletic equipment | Das ist ein Geschäft für Sportartikel. |
| | *Videofilm, der, -e* | video film | Wollen wir einen Videofilm sehen? |
| | *Käufer/in, der/die, -/-nen* | buyer, shopper | Käufer zahlen oft zu hohe Preise. |
| | **Hälfte,** die, -n | half | die Hälfte = 50 % |
| | *Computernutzer/in, der/die, -/-nen* | computer user | Fast jeder ist heute ein Computernutzer. |
| | *Nutzer/in, der/die, -/-nen* | user | Das Internet hat Millionen Nutzer. |
| | **informieren** | (to) inform | Informiere dich zuerst über das Produkt. |
| | **Netz,** das, * (*Internet*) | (inter-)net | Im Netz finden Sie interessante Angebote. |
| **3 2** | *Symbol, das, -e* | symbol | Was bedeutet dieses Symbol? |
| | **Befehl,** der, -e | command | Ein Computer reagiert nur auf Befehle. |
| | **leer** | empty | Da steht nichts. Die Seite ist leer. |
| | **Dokument,** das, -e | document | Er will das Dokument lesen. |

| | | |
|---|---|---|
| **öffnen** | (to) open | Er öffnet das Dokument. |
| **speichern** | (to) save | Er speichert das Dokument. |
| *Empfänger/in, der/die, -/-nen* | receiver | Die Empfängerin speichert die Mail. |
| **drucken** | (to) print | Sie druckt das Dokument. |
| *Rechtschreibung, die, \** | spelling | Ist der Text in alter oder neuer Rechtschreibung? |
| **ausschneiden,** **aus**geschnitten | (to) cut | Du kannst den Text ausschneiden ... |
| **einfügen** | (to) paste/insert | ... und an einer anderen Stelle einfügen. |
| 3 3 *Informatiker/in, der/die, -/-nen* | computer scientist | Er ist Informatiker von Beruf. |
| **praktisch** | practical, convenient | Eine Spülmaschine ist sehr praktisch. |

**4 Fragen und Nachfragen**

| | | |
|---|---|---|
| *Nachfrage, die, -n* | question, inquiry | Im Kurs gibt es viele Nachfragen. |
| 4 3 a **anders** | different | Ich bin so, du bist anders. |
| 4 3 b **ab**fragen | (to) call up | Er fragt seine Mails ab. |

| **Datei,** die, -en | file, data | + Hast du die Datei gespeichert? |
| **löschen** | (to) erase, clear, delete | – Nein, ich habe sie gelöscht. |
| **weiterleiten** | (to) forward | Er leitet die Mail an seine Freunde weiter. |
| **Kopfhörer,** *Pl.* | earphones | Sie hört Musik mit Kopfhörern. |
| **abnehmen,** abgenommen | (to) take off | Beim Schwimmen nimmt er die Brille ab. |

## 5 Schnäppchenjagd

| *Schnäppchenjagd,* die, -en | sale/deal hunting | Am Samstag war ich auf Schnäppchen-jagd. |
| **5 1** *weltweit* | worldwide | Das Internet funktioniert weltweit. |
| **Marktplatz,** der, "-e | marketplace | Unser Dorf hat einen schönen Markt-platz. |
| **gebraucht** | used | Das gebrauchte Auto kostet nur 500 Euro. |
| *Schnäppchen,* das, - | good deal | So billig? Das ist ja echt ein Schnäppchen. |
| *deutschsprachig* | German(-language) | Liest du auch deutschsprachige Bücher? |
| **Kunst,** die, * *oder:* Künste | art | Er interessiert sich für moderne Kunst. |
| **Schmuck,** der, * | jewellery | Meine Oma hat sehr wertvollen Schmuck. |

| | | |
|---|---|---|
| **5 2** **variieren** | (to) alter, vary | Man kann dieses Pizzarezept variieren. |
| **Kochbuch,** das, "-er | cookbook | Ohne Kochbuch kann ich nicht kochen. |
| **Spielzeug,** das, -e | toy | Ein Ball, ein Teddy ... = Spielzeug. |
| **5 4** *Reklamation, die, -en* | complaint, return | + Ich habe eine Reklamation. Diese Kamera funktioniert nicht. |
| **Kassenzettel,** der, - | receipt | – Haben Sie den Kassenzettel noch? |
| *Kuckuck, der, -e* | cuckoo | Die Kinder hören im Wald einen Kuckuck. |
| **Garantie,** die, -n | warranty | Sie haben zwei Jahre Garantie auf diese Kamera. |
| **unglaublich** | unbelievable | Wie ist das möglich? Das ist unglaublich! |
| **umtauschen** | (to) exchange | Die Hose passt nicht. Kann ich sie umtauschen? |
| **Tierarzt/Tierärztin,** der/ die, *Pl.*: Tierärzte/Tier- ärztinnen | veterinarian | Mein Hund ist krank. Ich muss zum Tierarzt. |
| **5 5** **zurückbekommen,** zurück- bekommen | (to) get back | Hast du das Geld zurückbekommen? |
| **5 6** *Goldring, der, -e* | gold ring | Zur Hochzeit schenkt er ihr einen Goldring. |
| *Karat, das, -(e)* | carat | Der Ring hat 16 Karat. |

| *Chiffre*, die, -n | code | Schreiben Sie mir! Chiffre 56AP585. |
| *wertvoll* | valuable | Der Ring ist sehr wertvoll. |
| *Briefmarkensammlung*, die, -en | stamp collection | Willst du meine Briefmarkensammlung sehen? |
| **BRD**, die, * (*Abk. für Bundesrepublik Deutschland*) | FRG (Federal Republic of Germany) | Die BRD ist eine Demokratie. Sie hat 16 Bundesländer. |
| *VW-Käfer*, der, - (*Automarke*) | Volkswagen Beetle | Früher fuhren viele Leute einen VW-Käfer. |
| *Heimtrainer*, der, - | exercise bike | Er trainiert oft auf seinem Heimtrainer. |
| *gut erhalten* | well-preserved | Der Tisch ist 20 Jahre alt, aber gut erhalten. |
| **5 7** *Anfrage*, die, -n | reply, inquiry | Ich habe viele Anfragen auf meine Anzeige bekommen. |
| **5 7 a** **PC**, der, -s | PC (personal computer) | Sie arbeitet viel am PC. |
| *Opel*, der, - (*Automarke*) | Opel (car brand) | Er fährt einen Opel. |
| *antik* | antique | Dieser Schrank ist nicht nur alt, er ist antik. |
| **5 8** **Flohmarkt**, der, "-e | flea market | Er kauft oft alte Bücher auf dem Flohmarkt. |

## Übungen

**Ü1** **Programm,** das, -e     programme     Das Programm im Fernsehen ist schlecht.

*Volksempfänger, der, -*     *table-top radio during the Third Reich*     Früher hieß das Radio „Volks-empfänger".

*Radiosender, der, -*     radio broadcaster/station     Welchen Radiosender hörst du am liebsten?

**kombinieren**     (to) combine     Den Rock kann man gut mit einer Bluse kombinieren.

*Schallplattenspieler, der, -*     record player     Mein Schallplattenspieler ist schon alt.

*Sendung, die, -en*     programme, broadcast     Diese Quizshow ist eine lustige Sendung.

**Ü2 a** **Fax,** das, -e     fax     Sie schickt dem Kunden ein Fax.

**drücken**     (to) press, push     Du musst diese rote Taste drücken.

*einlegen*     (to) put in, insert     Er legt die Kassette ein.

**nummerieren**     (to) number     Die Plätze im Theater sind nummeriert.

**Ü2 b** *Dokumentation, die, -en*     documentary     + Gestern habe ich eine Dokumentation über Frauen in Afrika gesehen.

**Krimi,** der, -s     thriller     – Ich sehe am liebsten Krimis.

**Ü4** *Weltrekord, der, -e*     world-record     Schon wieder ein neuer Weltrekord, dieser Sportler ist fantastisch!

| | | |
|---|---|---|
| *Brite/Britin, der/die, -n/-nen* | British *(person)* | + Sind Sie Brite?<br>– Ja, ich komme aus London. |
| **simsen** | (to) text message | Tschüss, wir telefonieren oder simsen! |
| *Übung macht den Meister.* | Practice makes perfect. | Du machst viel weniger Fehler als am Anfang. Übung macht den Meister! |
| Ü6 **eingeben,** <u>ei</u>ngegeben | (to) enter (in a computer) | Sie gibt die Vokabeln in den Computer ein. |
| **einschalten** | (to) turn on | Beim Frühstück schalte ich das Radio ein. |
| Ü10 **Plastik,** das, * | plastic | Der Becher geht nicht kaputt. Er ist aus Plastik. |
| *verschenken* | (to) give (a gift) | Ich verschenke gern Bücher. |
| **Pop,** der, * | pop (music) | + Magst du Pop?<br>– Nein, ich höre lieber Rock. |
| **nachdenken,** <u>na</u>chgedacht | (to) ponder | Über diese Frage muss ich nachdenken. |
| Ü10 b **wiederfinden,** w<u>ie</u>dergefunden | (to) find again | Zum Glück hat er die Autoschlüssel wiedergefunden. |
| **Vertrag,** der, "-e | contract | Hast du den Vertrag unterschrieben? |
| *hinterlassen, hinterlassen* | (to) leave (behind) | Sie ist weg, aber sie hat einen Brief hinterlassen. |
| Ü11 **DVD-Player,** der, - | DVD player | Mein DVD-Player kann auch aufnehmen. |

| | | |
|---|---|---|
| **wor<u>au</u>f** | for what | Worauf hast du heute Abend Lust? |
| **Sp<u>ei</u>sekarte,** die, -n | menu | Was willst du essen? Hast du schon in die Speisekarte geschaut? |
| **K<u>e</u>nnenlernen,** das, * | (to) meet, get to know | Das Kennenlernen war sehr nett. |

## 1 Donnerstag – Ausgehtag

| | | |
|---|---|---|
| *<u>Au</u>sgehtag, der, -e* | day out | An meinem Ausgehtag bringt mein Mann die Kinder ins Bett. |
| **1 1 b d<u>o</u>nnerstags** | on Thursdays | Donnerstags geht sie immer zum Sport. |
| *Abonnement, das, -s* | subscription | Ich habe ein Abonnement für das Theater. |
| *After-Work-Party, die, -s* | after work party | + Kommst du mit auf die After-Work-Party? |
| **unterh<u>a</u>lten** (sich), unterhalten | (to) talk/converse | – Nein, da kann man sich nicht unterhalten. |
| *Jazz, der, *| jazz | + Hörst du gern Jazz?<br>– Nein, lieber Pop. |

| **dahịn** | there | Die Disco ist toll. Ich gehe gern dahin. |
| *Stạmmtisch, der, -e* | regulars' table | Man trifft sich beim Stammtisch. |
| **Kạrten spielen** | (to) play cards | + Spielt ihr gern Karten? |
| *Sk<u>a</u>t, der, -e oder -s* | skat *(card game)* | – Ja, am liebsten spielen wir Skat. |
| **was so lọs ist** | what's up | Mal gucken, was so los ist in der Stadt. |

**1 3** 

| **alkohọlfrei** | alcohol-free | Ein alkoholfreies Bier bitte, ich muss noch fahren. |
| **ich würde gern …** | I would like to … | + Ich würde gern ins Kino gehen. |
| **gụcken** | (to) watch | – Welchen Film möchtest du denn gucken? |

## 2 Im Restaurant

**2 2**

| *S<u>a</u>hnehaube, die, -n* | a topping of whipped cream | Hmm – heiße Schokolade mit Sahnehaube! |
| **Gerịcht** (2), das, -e | dish | Auf der Speisekarte stehen viele Gerichte. |
| *Plạtte, die, -n* | platter | Auf der Party gibt es leckere Wurstplatten. |
| *B<u>au</u>ernbrot, das, -e* | farmer's bread | Dieses Bauernbrot schmeckt sehr gut. |

| | | |
|---|---|---|
| **Gurke,** die, -n | cucumber | Sie schneidet eine Gurke für den Salat. |
| *Baguette,* das, -s | baguette | In Frankreich isst man viel Baguette. |
| *Toast Hawaii,* der,<br>Pl.: *Toasts Hawaii* | Hawaiian toast | + Wie macht man einen Toast Hawaii? |
| **Toast,** der, -s | toast | – Das ist ein Toast mit Schinken und Ananas. |
| *überbacken, überbacken* | (to) grill | Dann überbackt man ihn mit Käse. |
| **Spezialität,** die, -en | specialty | Ist das eine Spezialität aus Hawaii? |
| *Rumpsteak,* das, -s | rump steak | Ich esse lieber ein dickes Rumpsteak. |
| *Grilltomate,* die, -n | fried tomato | Dazu schmecken Grilltomaten sehr gut. |
| *Kartoffelkrokette,* die, -n | potato croquette | Kartoffelkroketten sind auch sehr lecker. |
| *Salatteller,* der, - | salad plate | Aber ein Salatteller ist gesünder. |
| **Teller,** der, - | plate | + Was hast du da auf deinem Teller? |
| *Wiener Schnitzel,* das, - | wiener schnitzel | – Ein Wiener Schnitzel, das sieht man doch. |
| *Rindsroulade,* die, -n | beef olive, beef roulade | Ich hatte eine Rindsroulade bestellt. |
| *Rotkraut,* das, * | red cabbage | Und dazu natürlich Rotkraut. |

| | | |
|---|---|---|
| *Kloß,* der, "-e | dumpling | Meine Mutter macht die besten Klöße. |
| *gemischt* | mixed | + Heute esse ich einen gemischten Salat. |
| *Putenbruststreifen,* der, - | turkey breast strip | – Nimm doch den Salat mit Putenbruststreifen. |
| **Streifen,** der, - | strip | Sie trägt einen Pulli mit grünen Streifen. |
| *Bratkartoffel,* die, -n | fried potatoes | Bratkartoffeln muss man heiß anbraten. |
| *Fischstäbchen,* das, - | fish fingers | Meine Kinder lieben Fischstäbchen. |
| *Kartoffelsalat,* der, -e | potato salad | + Machst du den Kartoffelsalat mit Essig und Öl? |
| *Majonäse,* die, -n | mayonnaise | – Nein, ich mache ihn immer mit Majonäse. |
| **Dessert,** das, -s | dessert | + Was gibt es heute als Dessert? |
| *Apfelstrudel,* der, - | apple strudel | – Es gibt Apfelstrudel. |
| *Vanilleeis,* das, - | vanilla ice-cream | + Hmm lecker, und dazu Vanilleeis? |
| **Saft,** der, "-e | juice | Kinder, wollt ihr Saft trinken? |
| *Fass,* das, "-er | keg (here: draft beer) | Haben Sie Bier vom Fass? |
| **Rotwein,** der, -e | red wine | Ich trinke gern französischen Rotwein. |

| | | |
|---|---|---|
| **Weißwein,** der, -e | white wine | Der deutsche Weißwein ist auch gut. |
| **vegetarisch** | vegetarian | Gibt es auch vegetarisches Essen? Ich esse kein Fleisch. |
| 2 4 **Rindfleisch,** das, * | beef | + Rindfleisch esse ich, aber kein Schweinefleisch. |
| *Bratwürstchen, das, -* | fried sausage | − In diesen Bratwürstchen ist aber auch Schweinefleisch drin. |
| 2 5 **statt** | instead of | Ich hätte lieber Reis statt Kartoffeln. |
| 2 6 **Echo,** das, -s | echo | Hier in den Bergen hört man sein Echo. |
| 2 7 *Zungenbrecher, der, -* | tongue twister | Kannst du diesen Zungenbrecher sprechen? |
| *tschechisch* | Czech | Wir kennen eine tschechische Familie aus Prag. |
| *Shrimp, der, -s* | shrimp | Im Urlaub haben wir oft Shrimps gegessen. |
| **österreichisch** | Austrian | + Fahren Sie in die österreichischen Alpen? |
| *Skischule, die, -n* | skiing school | − Ja, wir besuchen dort eine Skischule. |
| *Schneeschuh, der, -e* | snowshoe | In den Bergen braucht man gute Schneeschuhe. |
| 2 8 **salzig** | salty | Die Suppe ist zu salzig. |
| **Gabel,** die, -n | fork | Ich kann das ohne Gabel nicht essen. |

| **Messer,** das, - | knife | Vorsicht, das Messer ist sehr scharf. |
| **Löffel,** der, - | spoon | Für die Suppe brauche ich einen Löffel. |
| **zufrieden** | content | Ich bin sehr zufrieden mit meiner Arbeit. |
| **zurücknehmen,** zurück-genommen | (to) take back | Können Sie das Steak bitte zurück-nehmen? |

## 3 Rund ums Essen

| *rund um (etw.)* | about | Er weiß alles rund um dieses Thema. |
| **3 1** *Restaurantfachfrau, die, -en* | restaurant manager | Sie ist Restaurantfachfrau von Beruf. |
| **3 1** a *Catering, das, -s* | catering | Ist das Catering für die Party schon bestellt? |
| **Team,** das, -s | team | Wir arbeiten im Team zusammen. |
| *Menüwahl, die, \** | menu choice | Soll ich Sie bei der Menüwahl beraten? |
| **Geschirr,** das, -e | dishes | + Soll ich das Geschirr abtrocknen? |
| **spülen** (Geschirr) | (to) wash | – Ja, ich habe das Geschirr gerade gespült. |
| **servieren** | (to) serve | Die Kellnerin serviert das Essen. |

| | | |
|---|---|---|
| **dẹcken:** Tịsch decken | (to) set | Sie deckt den Tisch für den Besuch. |
| **Sch<u>au</u>spieler/in,** der/die, -/-nen | actor/actress | Ich kenne den Schauspieler vom Theater. |
| **3 2 Kọch/Kọ̈chin,** der/die, "-e/-en | cook | + Sind Sie der Koch von diesem Restaurant? |
| *Kụ̈chenhilfe, die, -n* | kitchen help | – Nein, ich bin nur die Küchenhilfe. |
| **Gạst,** der, "-e | guest | Die Gäste sind zufrieden mit dem Essen. |
| **3 3** *Gesprịtzte, der, -* | spritzer | Sie trinkt gern einen Gespritzten. |
| **best<u>e</u>hen** (aus), bestanden | (to) be made (of) | Der Mensch besteht zu über 90 % aus Wasser. |
| *Restaurantkritiker/in, der/die, -/-nen* | restaurant critic | Sie arbeitet als Restaurantkritikerin. |
| **Journalịst/in,** der/die, -en/-nen | journalist | Er arbeitet als Journalist bei einer Zeitung. |
| *B<u>au</u>ernsalat, der, -e* | farmer's salad | + Sind in dem Bauernsalat auch Oliven? |
| *<u>O</u>ber, der, -* | waiter | – Frag doch den Ober. |
| **3 4 Kọmma,** das, *Pl.*: Kọmmata | comma | Vor dem Wort „dass" steht ein Komma. |

| 3 5 | **beẹnden** | (to) end/finish | Ihre Ehe ist beendet. Sie liebt ihn nicht mehr. |
| | *Skandal, der, -e* | scandal | + Dieser Skandal war in allen Medien. |
| | *aufdecken* | (to) uncover | – Wer hat den Skandal denn aufgedeckt? |
| 3 6 a | **tụ̈rkisch** | Turkish | Wir essen bei einem türkischen Imbiss. |
| | **Mẹhl,** das, -e, *auch: Mehl-sorten* | flour | Für den Kuchen brauche ich noch Mehl. |
| | **Nụss,** die, "-e | nut | Es müssen auch Nüsse hinein. |
| 3 6 b | *Kạ̈se-Fondue, das, -s* | cheese fondue | Wir sind zum Käse-Fondue eingeladen. |
| | **Joghurt,** der *oder* das, -s | yoghurt | Ich esse morgens nur einen Joghurt. |
| | **Knọblauch,** der, * | garlic | Hast du Knoblauch gegessen? |
| | *Frạnkfurter, die, - (Frankfurter Wụ̈rstchen)* | frankfurter (sausage) | Darf Ihr Hund eine Frankfurter haben? |
| 3 6 c | *Wịener, die, -* | wiener (sausage) | Ein Paar Wiener mit Brot, bitte. |
| | *Amerikạner, der, -* | glazed cookie | + Möchten Sie einen Amerikaner zum Tee? |
| | *Kạmeruner, der, -* | twisted glazed jelly donut | – Nein danke, lieber einen Kameruner. |

| | | |
|---|---|---|
| *Krakauer, die, -* | Polish sausage | Ich hätte gern eine Krakauer. |
| 3 7 **logisch** | logical | Jeder versteht das, das ist doch logisch. |
| **Appetit,** der, * | appetite | Guten Appetit! |
| *Lokal, das, -e* | pub, restaurant | In diesem Lokal kann man sehr gut essen. |
| **verlassen,** verlässt | (to) leave | Er verlässt gegen acht Uhr die Wohnung. |
| **hey** | hey | Hey, Sie haben Ihre Tasche vergessen! |

## 4  Ausgehen – Kontakte – Leute kennen lernen

| | | |
|---|---|---|
| 4 2 b **Reihenfolge,** die, -n | (in) sequence | Erzähl bitte der Reihenfolge nach. |
| 4 5 a *Partnersuche, die, * * | looking for partners | Viele Singles sind auf Partnersuche. |
| **Diskussion,** die, -en | discussion | Ich hasse diese Diskussionen über Politik. |
| *Traumprinz/-prinzessin,* *der/die, -en/-nen* | man/woman of one's dreams | Den perfekten Traumprinzen gibt es nicht. |
| **per** | by | Wir können per E-Mail in Kontakt bleiben. |
| *Mausklick, der, -s* | mouse click | Mit ein paar Mausklicks ist alles erledigt. |

| | | |
|---|---|---|
| *Kontaktbörse, die, -n* | contact forum | Die Tanzschule ist eine gute Kontaktbörse. |
| *Lebenspartner/in, der/die, -/-nen* | life partner, spouse | Susanne ist seine Lebenspartnerin. |
| *Flirt, der, -s* | flirt | Auf der Party gestern hatte ich einen Flirt. |
| *Experte/Expertin, der/die, -n/-nen* | expert | Sie muss es wissen. Sie ist ein Experte. |
| **ehrlich** | honest | Das stimmt nicht. Sei bitte ehrlich. |
| **realistisch** | realistic | Man muss die Zukunft realistisch sehen. |
| **ansprechen,** angesprochen | (to) talk to, approach | Er hat sie im Café angesprochen. |
| *Exmann/Exfrau, der/die, "-er/-en* | ex-husband/ex-wife | Liebt er seine Exfrau noch? |
| **ernst** | earnest, serious | Das ist kein Spaß. Das ist ernst. |
| 4 **6** *Partnerprofil, das, -e* | partner profile | Das Partnerprofil soll interessant sein. |
| *Geschlecht, das, -er* | sex, gender | Ist das Geschlecht männlich oder weiblich? |
| **Augenfarbe,** die, -n | eye colour | + Welche Augenfarbe gefällt dir?<br>– Blau. |
| **Haarfarbe,** die, -n | hair colour | Die Haarfarbe ist mir egal. |

| 4 7 | *Speed-dating, das, -s* | speed dating | Die Stimmung beim Speed-dating war gut. |
| 4 7 a | **ausdenken** (sich), <u>aus</u>gedacht | (to) think up | Wer hat sich diese Geschichte ausgedacht? |
| | **<u>a</u>nmelden** (sich für etw.) | (to) register | Hast du dich für den Kurs angemeldet? |
| | **gen<u>u</u>g** | enough | Hast du genug Geld dabei? |

### Übungen

| Ü 1 | **Tipp,** der, -s | tip | Danke für den Tipp, das werde ich machen. |
| Ü 1 b | *Quint<u>e</u>tt, das, -e* | quintet | Dieses Quintett macht gute Musik. |
| Ü 4 | *Servi<u>e</u>tte, die, -n* | serviette, napkin | Die Servietten liegen schon auf dem Tisch. |
| Ü 5 | *Hot<u>e</u>lfachmann/-frau, der/die,* "*-er/-en* | hospitality manager | Wie wird man Hotelfachmann? |
| | **Hot<u>e</u>lfachschule,** die, -n | school of hotel management | Man muss eine Hotelfachschule besuchen. |
| | *Z<u>i</u>mmermädchen, das, -* | maid | Das Zimmermädchen hat das Zimmer fertig. |
| | **vor <u>a</u>llem** | above all | Er liest viel, vor allem Krimis. |
| Ü 6 | *indon<u>e</u>sisch* | Indonesian | Sie mag die indonesische Küche. |

| | | |
|---|---|---|
| *Rucolasalat, der, \** | arugula salad | Er bestellt lieber einen Rucolasalat. |
| **Snack,** *der, -s* | snack | In der Pause gibt es einen kleinen Snack. |
| Ü7 **unfreundlich** ≠ freundlich | unfriendly | Dieser Kellner ist aber unfreundlich! |
| Ü8 *Oktoberfest, das, \** | October fest | Das Oktoberfest beginnt im September. |
| **Hunger,** *der, \** | hunger | Gibt es etwas zu essen? Ich habe Hunger. |
| Ü10 *Skandinavien* | Scandinavia | In Skandinavien war das Wetter schlecht. |
| **zurückfahren,** zurückgefahren | (to) drive/travel back | Wir sind deshalb wieder zurückgefahren. |
| *Urlaubsfoto, das, -s* | holiday photo | Wir können euch keine Urlaubsfotos zeigen. |
| **nämlich** | that is to say | Wir haben nämlich gar keine Fotos. |

## Station 2

### 1 Berufsbild Webdesigner

| | | |
|---|---|---|
| *Webdesigner/in, der/die, -/-nen* | web designer | Webdesigner ist ein moderner Beruf. |
| **1** **1** *Suchmaschine, die, -n* | search engine | Google ist eine Suchmaschine. |
| *Internet-Browser, der, -* | internet browser | Mein Internet-Browser ist zu langsam. |
| *Internetsurfer/in, der/die, -/-nen* | internet surfer | In unserem Büro sitzen viele Internet-surfer. |
| *Werbeagentur, die, -en* | advertising agency | + Arbeitest du in einer Werbeagentur? |
| *Multimedia, das, -* | multi-media | – Nein, in einer Multimediaagentur. |
| *gestalten* | (to) design | Ich gestalte Internetseiten. |
| *Mediengestalter/in, der/die, -/-nen* | media designer | Die Arbeit als Mediengestalter gefällt mir. |
| *Link, der, -s* | link | Ich schicke dir den Link, der ist interessant. |
| *Web, das, \** | web | Im Web findet man wirklich alles. |
| *Recherche, die, -n* | research | Hattest du Erfolg bei deiner Recherche? |
| **1** **2** *zusammenfassen* | (to) summarize | Kannst du den Text zusammenfassen? |
| *kreativ* | creative | Sie ist ein kreativer Mensch voller Ideen. |

| | | |
|---|---|---|
| *Farbdesign, das, -s* | colour design | Dieses Farbdesign gefällt mir nicht. |
| *funktional* | functional | Es ist nicht gerade schön, aber funktional. |
| *orientieren (sich)* | (to) orientate oneself | Ich bin neu hier, ich muss mich orientieren. |
| *deshalb* | therefore | Das Auto ist alt. Deshalb war es so billig. |
| *aktualisieren* | (to) update | Hast du die alte Datei aktualisiert? |
| **1 3** *bewerten* | (to) value, judge | Bewertest du das positiv oder negativ? |
| **1 3 a** *informativ* | informative | Danke für das informative Gespräch. |
| *übersichtlich ≠ unübersichtlich* | clear ≠ unclear | Dieses Schema ist unübersichtlich. |
| **1 4** *Strategie, die, -n* | strategy | Das war eine schlechte Strategie. |
| *formulieren* | (to) formulate | Kannst du diesen Satz anders formulieren? |
| *überfliegen, überflogen* | (to) scan | Ich habe den Text nur kurz überflogen. |
| **1 5** *anwenden, angewendet oder angewandt* | (to) use, apply | Man muss diese Technik anwenden. |
| *Sportart, die, -en* | type of sport | + Welche Sportarten interessieren dich? |

| | | |
|---|---|---|
| *etc. (Abk. für et cetera = usw.)* | etc. | – Fußball, Handball, Basketball etc. |
| **wor<u>au</u>s** | from what | Woraus besteht ein Gespritzter? |

## 2 Wörter – Spiele – Training

| | | | |
|---|---|---|---|
| 2❶ | **Sk<u>i</u>springen, das, \*** | ski jumping | Morgen gibt es wieder Skispringen. |
| | **z<u>u</u>sehen, z<u>u</u>gesehen** | (to) watch | Da will ich zusehen. |
| | **Schl<u>i</u>tten, der, -** | sleigh, sled | Es schneit, wir können Schlitten fahren. |
| 2❷ | **L<u>au</u>fdiktat, das, -e** | running dictation | Wir machen ein Laufdiktat im Kurs. |
| | **dikt<u>ie</u>ren** | (to) dictate | Der Chef diktiert den Brief. |
| | **<u>E</u>cke, die, -n** | corner | Du musst auch in den Ecken putzen. |
| | **Kaff<u>ee</u>haus, das, "-er** | coffeehouse | In Wien gibt es noch alte Kaffeehäuser. |
| | **W<u>u</u>t, die, \* (vor Wut kochen)** | anger | So ein Mist! Ich koche vor Wut. |
| | **so l<u>a</u>nge** | as long | Du kannst so lange bei mir wohnen, wie du willst. |
| | **r<u>e</u>chte** | right | Ich trage den Ring an der rechten Hand. |

| | | |
|---|---|---|
| **D<u>au</u>men,** der, - | thumb | Au! Ich habe mir in den Daumen geschnitten. |
| 2 3 a **St<u>ei</u>n,** der, -e | stone, rock | Ich habe einen schönen Stein gefunden. |
| **R<u>o</u>llen,** das, * | rolling | Der Wagen kommt ins Rollen. |
| 2 4 **Fig<u>ur</u>,** die, * | figure | Er hat eine sportliche Figur. |

## 3 Grammatik und Evaluation

| | | |
|---|---|---|
| 3 1 **T<u>ü</u>rkisch,** das, * | Turkish | Sprechen Sie Türkisch? |
| 3 3 **Kont<u>a</u>ktanzeige,** die, -n | personal classified ad | Er hat eine Kontaktanzeige aufgegeben. |
| **T<u>e</u>nnis,** das, * | tennis | Sein Hobby ist Tennis. |
| **intellig<u>e</u>nt** | intelligent | Wale sind intelligente Tiere. |
| **rom<u>a</u>ntisch** | romantic | Wir hatten einen romantischen Abend. |
| **kl<u>ug</u>,** kl<u>ü</u>ger, am kl<u>ü</u>gsten | smart | Meine Großmutter war eine kluge Frau. |
| **k<u>i</u>nderlieb** | child-friendly | Unser Hund ist kinderlieb. |
| **sens<u>i</u>bel,** sens<u>i</u>bler, am sens<u>i</u>belsten | sensitive | Er hat sehr sensibel reagiert. |

| | | |
|---|---|---|
| *tolerant* | tolerant | In der Stadt sind die Leute toleranter. |
| *attraktiv* | attractive | Sie ist eine schöne, attraktive Frau. |
| *sympathisch* | likeable | Ich finde ihn nett, sogar sehr sympathisch. |
| *rundlich* | round, plump, chubby | Sie ist nicht schlank, sondern eher rundlich. |
| *Venus, die, * (hier: für Frau)* | Venus | Er hat seine Venus gefunden. |
| *Freizeitgestaltung, die, -en* | leisure activities | Er hat wenig Zeit für seine Freizeitgestaltung. |
| *harmonisch* | harmonious | + Ist eure Beziehung harmonisch? |
| *Ehe, die, -n* | marriage | − Ja, unsere Ehe ist sehr glücklich. |
| 3 4 *chronologisch* | chronological | Die Bilder sind chronologisch geordnet. |

## 4 Videostation 2

| | | |
|---|---|---|
| 4 1 *Marzipan, das, -e* | marzipan, almond paste | Zu Weihnachten isst man viel Marzipan. |
| *Süßigkeit, die, -en* | sweet(s) | Süßigkeiten sind schlecht für die Zähne. |
| *Mandel, die, -n* | almond | Aber Mandeln und Nüsse haben Vitamine. |
| *exportieren* | (to) export | Deutschland exportiert viele Produkte. |

| | | |
|---|---|---|
| **Roman,** *der, -e* | novel | + Hast du den Roman gelesen? |
| **Literaturnobelpreis,** *der, -e* | Nobel Prize for Literature | − Fantastisch. Er verdient den Literaturnobelpreis. |
| **4 2 bisschen** *(ein bisschen)* | (a) bit | + Bist du sehr müde?<br>− Nein, nur ein bisschen. |
| **Reportage,** *die, -n* | report | Diese Reportage ist sehr informativ. |
| **4 3 Anzahl,** *die, \** | number, quantity | + Wie viele?<br>− Ich habe die Anzahl notiert. |
| **Salami,** *die, -s* | salami | Sie isst ein Brot mit Salami. |
| **scharf,** *schärfer,<br>am schärfsten* | sharp, hot | + Magst du scharfes Essen? |
| **Peperoni,** *die, -s* | red pepper | − Ja, am liebsten Pizza mit Peperoni. |
| **Olive,** *die, -n* | olive | Ich esse gern Oliven. |
| **Thunfisch,** *der, -e* | tuna | + Kaufst du Thunfisch in der Dose? |
| **Sardelle,** *die, -n* | anchovy | − Nein, aber Sardellen mag ich gern. |
| **Extra,** *das, -s* | extra | Ich gebe Ihnen noch ein kleines Extra mit. |
| **4 4 Drehtag,** *der, -e* | shooting day | Das Filmteam hat einen Drehtag in Köln. |
| **4 5 Quadratkilometer,** *der, -* | square kilometre | Der See ist fünf Quadratkilometer groß. |

| | | |
|---|---|---|
| **Innenstadt**, *die, "-e* | inner city, downtown | In der Innenstadt gibt es viele Geschäfte. |
| **Einkaufszentrum**, *das, -zentren* | shopping centre | Ich gehe im Einkaufszentrum einkaufen. |

## 5 Magazin: Geschichten und Gedichte

| | | |
|---|---|---|
| **urban** | urban | Das urbane Leben ist oft stressig. |
| **Legende**, *die, -n* | legend | + Kennst du die Legende von der Lorelei? |
| **Mythos**, *der, Pl.: Mythen* | myth | – Natürlich, das ist doch ein Mythos! |
| **irgendwo** | somewhere | Er ist irgendwo in England, ich weiß nicht wo genau. |
| **inzwischen** | in the meantime | Inzwischen verstehe ich mehr Deutsch. |
| **Sammlung**, *die, -en* | collection | Sie hat viele Bilder, eine ganze Sammlung. |
| **irgendwie** | somehow | Er findet sie irgendwie unsympathisch. |
| **witzig** | witty, funny | + Der Film ist witzig. |
| **tragisch** | tragic | – Findest du? Ich finde ihn tragisch! |
| **brutal** | brutal | Viele Filme sind furchtbar brutal. |

| **rammen** | (to) ram, run into | Er hat mit dem Auto einen Bus gerammt. |
| **Geburtstagskind**, *das, -er* | birthday kid | Wir feiern heute das Geburtstagskind. |
| **Ski**, *der, -er* | ski | Ich habe für den Winter neue Ski gekauft. |
| **Ausrüstung**, *die, -en* | equipment | Hast du denn deine Ausrüstung dabei? |
| **Stimmung**, *die, -en* | mood, atmosphere | Die Stimmung auf der Party war sehr gut. |
| **Idee**, *die, -n* | idea | Du hast immer tolle Ideen. |
| **Holzstiege**, *die, -n* | wooden stairs | Er geht die Holzstiege hinauf. |
| **klappen** | (to) work out (well) | + Gab es Probleme? <br> – Nein, alles hat gut geklappt! |
| **klatschen** | (to) applaud | Die Theaterbesucher klatschen lange. |
| **Dame**, *die, -n* | lady | Die Dame ist schwer krank. |
| **psychiatrisch** | psychiatric | Sie muss in ein psychiatrisches Krankenhaus. |
| **lassen** *(etw. tun lassen)* | (to) get/have (something done) | Er hat sein Auto reparieren lassen. |
| **Rentner/in**, *der/die, -/-nen* | pensioner | + Arbeitet er noch? <br> – Nein, er ist Rentner. |
| **Fischpastete**, *die, -n* | fish pastry | Wir haben Fischpastete gegessen. |

| | | |
|---|---|---|
| **_E_hepaar,** _das, -e_ | married couple | Die Müllers sind ein nettes Ehepaar. |
| **V_o_rspeise,** _die, -n_ | appetizer | Als Vorspeise gibt es eine Tomatensuppe. |
| **K_a_tze,** _die, -n_ | cat | Ich glaube, meine Katze mag mich nicht. |
| **tr_o_tzdem** | nevertheless | Aber ich mag sie trotzdem. |
| **l_o_ben** | (to) praise | Die Gäste loben das gute Essen. |
| **nachd_e_m** | after | Nachdem du weg warst, habe ich gelesen. |
| **t_o_t** | dead | Mein Großvater ist schon lange tot. |
| **H_au_stür,** _die, -en_ | (house) door | Sie schließt die Haustür ab. |
| **P_a_nik,** _die, *_ | panic | Keine Panik! Ich nehme die Spinne weg. |
| **Garage,** _die, -n_ | garage | Er parkt das Auto in der Garage. |
| **überf_a_hren,** _überf_a_hren_ | (to) run over | Oh nein, er hat die Katze überfahren! |
| **Bitte entschuldigen Sie v_ie_lmals.** | a thousand apologies, please | Es tut mir Leid. Bitte entschuldigen Sie vielmals. |
| **vorb_ei_kommen,** _vorbei-gekommen_ | (to) come over | Willst du morgen zum Kaffee vorbeikommen? |

| | | |
|---|---|---|
| **B<u>a</u>hnsteig,** *der, -e* | (train) platform | Sie wartet auf dem Bahnsteig auf den Zug. |
| **entg<u>e</u>gengehen,** *entgegen-gegangen* | (to) come/go half way | Ich gehe dir schon mal entgegen. |
| **<u>a</u>bsteigen,** *<u>a</u>bgestiegen* | (to) put up at | Er steigt in einem Hotel beim Bahnhof ab. |
| **<u>e</u>rstbeste** | very first (to come along) | Sie hat den erstbesten Mann geheiratet. |
| **d<u>au</u>ernd** | continually | Musst du dauernd rauchen? |
| **st<u>a</u>mmeln** | (to) stutter | Er konnte nichts sagen, nur stammeln. |
| **h<u>ei</u>m** *(= zu Hause)* | home | Ich muss jetzt heim. |
| **h<u>e</u>rrennen,** *h<u>e</u>rgerannt (vor jdm)* | (to) run along | Das Kind rennt vor seiner Mutter her. |
| **<u>u</u>mdrehen** | (to) turn around | Zum Abschied dreht sie sich noch mal um. |
| **z<u>u</u>winken** | (to) wave at | Sie winkt ihm zu. |
| **N<u>e</u>belkuh,** *die, "-e* | fog cow *(poetic)* | + Wo lebt eine Nebelkuh? |
| **N<u>e</u>belmeer,** *das, -e* | sea of fog | – Die Nebelkuh lebt im Nebelmeer. |
| **m<u>u</u>hen** | (to) moo | Die Nebelkuh muht. |

| | | |
|---|---|---|
| **Bahngleis,** *das, -e* | train track | Man darf nicht über die Bahngleise gehen. |
| **Nebel,** *der, -* | fog | Bei diesem Nebel kann man nichts sehen! |
| **entstellen** | (to) deform, disfigure | Seit dem Unfall ist sein Auge entstellt. |
| **Lokomotive,** *die, -n* | locomotive | Hörst du die Lokomotive? |
| **tönen** | (to) sound | Die Klingel tönt laut. |
| **Gegenwart,** *die, \** | present, presence | Dieser neue Film spielt in der Gegenwart. |
| **Wald,** *der, "-er* | woods, forest | Er geht oft im Wald spazieren. |
| **Sumpf,** *der, "-e* | marsh, swamp | Vorsicht, geh nicht weiter in den Sumpf! |
| **unaufhaltsam** | unstoppable | Die Katastrophe ist leider unaufhaltsam. |
| **Gewissheit,** *die, -en* | certainty | Ich kann das nicht mit Gewissheit sagen. |
| **anlangen** *(hier: ankommen)* | (to) arrive, get to | Nun sind wir am Ende angelangt. |
| **umschreiben,** *umgeschrieben* | (to) paraphrase, describe | Man kann unbekannte Wörter umschreiben. |
| **auswendig** *(lernen)* | by memory, to memorise | Lernst du alle Vokabeln auswendig? |

| | | |
|---|---|---|
| **Landleben,** das, * | country living | Das Landleben ist nichts für mich. Es ist zu einsam. |
| **Anzeige,** die, -n | advertisement | Hast du die Wohnungsanzeigen schon gelesen? |

#### 1 Stadtleben oder Landluft?

| | | |
|---|---|---|
| **Landluft,** die, * | country air | Ich liebe die frische Landluft. |
| **1 1 Kuh,** die, "-e | cow | Die Kühe geben viel Milch. |
| **Fußgängerzone,** die, -n | pedestrian zone | In der Fußgängerzone gibt es keine Autos. |
| **Natur,** die, * | nature | Ich erhole mich am liebsten in der Natur. |
| **Waldweg,** der, -e | forest path | Man kann auf den Waldwegen wandern. |
| **Wald,** der, "-er | woods, forest | Im Wald ist es ruhig. Man hört nur die Tiere. |
| **Traktor,** der, -en | tractor | Der Bauer fährt auf dem Traktor nach Hause. |
| **Verkehrsstau,** der, -s | traffic jam | In der Urlaubszeit gibt es lange Verkehrsstaus. |

| | | |
|---|---|---|
| **Luftverschmutzung,** die, * | air pollution | In der Innenstadt ist die Luftverschmutzung ein Problem. |
| **draußen** | outside | Im Sommer sind die Leute oft draußen. |
| **grillen** | (to) grill, barbecue | Sie grillen abends im Garten. |
| **1 2  knapp** | close to, just under | Ich brauche eine knappe Stunde zur Arbeit. |
| **Grundschule,** die, -n | elementary school | Alle Kinder gehen zuerst in die Grundschule. |
| **Bauernhof,** der, "-e | farm | Wir haben Urlaub auf dem Bauernhof gemacht. |
| **Huhn,** das, "-er | chicken | Hühner legen Eier. |
| **Pferd,** das, -e | horse | Auf einem Pferd kann man reiten. |
| **Katze,** die, -n | cat | Unsere Katze mag keine Mäuse. |
| *Banklehre, die, -n* | bank apprenticeship | Nach der Schule will er eine Banklehre machen. |
| **umziehen,** umgezogen | (to) move | Hast du meine neue Adresse? Wir sind umgezogen. |
| *Zusammenleben, das, *  | living together | Das Zusammenleben mit dir ist nicht immer einfach. |
| **Richtige,** das, * | the right thing | Das ist genau das Richtige für mich. |

Einheit 7

**2 1 a** *Nachtleben, das,* \* — night life — Auf dem Land gibt es kaum Nachtleben.

**Flughafen,** der, "- — airport — + Wohnst du direkt am Flughafen?

**Nachteil,** der, -e — disadvantage — − Ja, es ist sehr laut. Das ist der Nachteil an meiner Wohnung.

*Busverbindung, die, -en* — bus connection — Es gibt eine schnelle Busverbindung zum Flughafen.

**2 2** *Dialekt, der, -e* — dialect — + Hier in Stuttgart sprechen die Leute Dialekt.

**Umgebung,** die, -en — surroundings — − In Tübingen und Umgebung klingt der Dialekt anders.

**auffallen,** aufgefallen — (to) strike, get someone's attention — + Das ist mir auch aufgefallen.

**2 3** **Lippe,** die, -n — lip — + Dein Sohn hat die gleichen Lippen wie du.

**rund** (2) — round — − Stimmt, er hat auch einen runden Mund.

**2 4** **unwichtig** ≠ wichtig — unimportant — Sie hat keine Zeit für unwichtige Fragen.

**2 5** **Ideal,** das, -e — ideal — Man muss im Leben seine Ideale haben.

**Villa,** die, *Pl.:* Villen — villa, mansion — Meine Großeltern hatten eine große Villa.

**im Grünen** — in the country — Ich wohne im Grünen und nicht in der Stadt.

| | | | |
|---|---|---|---|
| | **Terrasse,** die, -n | terrace, patio | Im Sommer kann man auf der Terrasse sitzen. |
| | **Aussicht,** die, -en | view | Ich habe eine tolle Aussicht auf die Berge. |
| | *ländlich-mondän* | pastorally mundane | So ein ländlich-mondänes Leben gefällt mir. |
| | *Zugspitze, die, \** | *highest mountain in Germany* | Die Zugspitze ist fast 3000 m hoch. |
| | **Ganze,** das, \* | the whole thing | Aber das Ganze ist leider nur ein Traum. |
| | *schlicht* | simple | Wir leben in einer schlichten Stadtwohnung. |
| | **Bescheidenheit,** die, \* | modesty | Bescheidenheit ist wichtig im Leben. |
| 2 7 | **Schulzeit,** die, \* | school days | Er besucht einen alten Freund aus der Schulzeit. |
| 2 8 | **aufschreiben,** aufgeschrieben | (to) write down | Schreibst du mir bitte deine Adresse auf? |

### 3 Nebensätze mit *als*

| | | | |
|---|---|---|---|
| 3 1 | **Struktur,** die, -en | structure | Die deutsche Grammatik hat klare Strukturen. |
| 3 2 | **Lüge,** die, -n | lie | + Glaubst du diese Lügen etwa? |
| 3 2 a | **Ach was!** | Nonsense! | – Ach was! Ich bin doch nicht blöd. |

| 3 2 c | **lügen,** gelogen | (to) lie | Man sagt, dass Politiker oft lügen. |
| 3 3 | **Auslandsreise,** die, -n | trip abroad | Er hat bei seinen Auslandsreisen viele Länder kennen gelernt. |

## 4 Auf Wohnungssuche

| 4 1 | **Keller,** der, - | cellar, basement | Wir haben guten Wein im Keller. |
| | **Kaltmiete,** die, -n | basic rent | Wie hoch ist die Kaltmiete für die Wohnung? |
| | *Immobilie, die, -n* | real estate | Mein Onkel handelt mit Immobilien. |
| | **Garage,** die, -n | garage | Er hat eine sehr große Garage. |
| | **ideal** | ideal | Die Garage ist ideal für seine fünf Autos. |
| | *Flughafenpersonal, das, \** | airport staff | Das Flughafenpersonal ist sehr freundlich. |
| | *Personal, das, \** | staff | Wir suchen für unsere Firma Personal. |
| | **Zentrum,** das, *Pl.:* Zentren | city centre | Ich fahre jeden Tag ins Zentrum. |
| | **Monatsmiete,** die, -n | month's rent | Sie zahlt die Monatsmiete immer pünktlich. |
| | *möbliert* | furnished | Das Zimmer ist möbliert, aber die Möbel sind alt. |

| | | |
|---|---|---|
| **Stellplatz,** der, "-e | parking spot | Es gibt auch einen Stellplatz für sein Auto. |
| **Altbau,** der, *Pl.:* Altbauten | old building | Im Altbau sind die Zimmer hoch. |
| **Neubau,** der, *Pl.:* Neubauten | new building | Die Badezimmer im Neubau sind modern. |
| **Dachgeschoss,** das, -e | attic | Eine Dachgeschoss-Wohnung ist mein Traum. |
| **Kaution,** die, -en | security deposit | Die Kaution beträgt drei Monatsmieten. |
| **Wohnfläche,** die, -n | living space | Die Wohnfläche ist 120 qm groß. |
| **Nebenkosten,** die, *Pl.* | utilities | + Wie hoch sind die Nebenkosten für Wasser und Heizung? |
| 4 2 **erfragen** | (to) ask about | – Ich weiß es nicht, ich muss es erfragen. |
| **Wohnungsbesichtigung,** die, -en | apartment viewing | Die Wohnungsbesichtigung ist morgen. |
| **Besichtigung,** die, -en | viewing | + Um wie viel Uhr ist die Besichtigung? |
| **vereinbaren** | (to) arrange | – Wir haben noch keine Uhrzeit vereinbart. |
| 4 2 a **Telefongespräch,** das, -e | telephone call | Mein Freund hasst Telefongespräche. |
| 4 2 b **Berufstätige,** der/die, -n | working person | Viele Berufstätige haben zu wenig Zeit für die Familie. |

**5 1** | *Umzugscheckliste, die, -n* | moving checklist | + Hast du eine Umzugscheckliste gemacht?
--- | --- | --- | ---
| **Checkliste,** die, -n | checklist | – Ja, ich mache oft Checklisten. Sonst vergesse ich alles.
| **Babysitter/in,** der/die, -/-nen | babysitter | + Habt ihr für Samstag einen Babysitter?
| *Umzugstag, der, -e* | moving day | – Nein, am Umzugstag kommt meine Mutter.
| **Umzugskarton,** der, -s | packing box | + Ich habe noch Umzugskartons im Keller.
| **besorgen** | (to) get | – Danke, wir haben schon welche besorgt.
| *Hausrat, der, *** | household effects | + Habt ihr denn viel Hausrat?
| **verpacken** | (to) pack | – Ja, und wir müssen das alles noch verpacken.
| **Inhalt,** der, -e | contents | + Was für ein Inhalt ist in diesem Karton?
| *Babybedarf, der, *** | baby supplies | – In dem Karton ist der Babybedarf.
| *Verpflegung, die, *** | meals, board | Gibt es Verpflegung? Wir haben Hunger!
| *Waschzeug, das, *** | toiletries | Hast du meine Zahnpasta in dein Waschzeug gepackt?

| | | |
|---|---|---|
| 5 **3** **schützen** | (to) protect | Hier sind wir vor dem Regen geschützt. |
| **sonst** | otherwise | Zieh den Pullover an, sonst ist dir zu kalt! |
| 5 **3** a **Sänger/in,** der/die, -/-nen | singer | Madonna ist eine tolle Sängerin. |

## 6 Erste Hilfe

| | | |
|---|---|---|
| **Erste Hilfe,** die, * | first aid | Ein Unfall! Wir brauchen Erste Hilfe! |
| 6 **1** **Pflaster,** das, - | plaster, band-aid | Ich habe mich geschnitten. Hast du ein Pflaster? |
| **Nasenspray,** das, -s | nasal spray | Ich brauche auch ein Nasenspray. |
| **Hausapotheke,** die, -n | medicine chest | Das Pflaster ist in der Hausapotheke. |
| **Verband,** der, "-e | bandage | Oh je – ich mache dir einen Verband. |
| **Schere,** die, -n | scissors | Hast du mal eine Schere? Ich muss ein Pflaster abschneiden. |
| **Tropfen,** die, *Pl.* | drops | Diese Tropfen sind gut gegen Husten. |
| **stoßen,** gestoßen | (to) hit, bump | Aua! Ich habe mir den Kopf gestoßen. |
| **Zitrone,** die, -n | lemon | Willst du etwas Zitrone in den Tee? |

| | | |
|---|---|---|
| **brechen** (sich etw.), gebrochen | (to) break | Er hat sich beim Skifahren das Bein gebrochen. |
| **Notarzt/Notärztin,** der/die, "-e/-nen | emergency doctor | Ich rufe sofort den Notarzt! |
| **erkältet** (sein) | (to) have a cold | Im Winter bin ich oft erkältet. |
| **kühlen** | (to) cool | Du musst das Knie mit Eis kühlen. |
| **Stelle** (2), die, -n | place, spot | Diese Stelle tut besonders weh. |
| **verbrennen,** verbrannt | (to) burn | Ich habe mich am heißen Herd verbrannt. |
| **reinigen** | (to) clean | Man muss die Wunde reinigen. |
| **Wunde,** die, -n | wound | Die Wunde sieht wirklich schlimm aus. |
| **kleben** (+ auf) | (to) stick | Ich klebe ein Pflaster auf die Wunde. |
| 6 2 b **Fan,** der, -s | fan | Sie ist Fan von Robbie Williams. |
| **Folge** (1), die, -n | episode | Siehst du jede Folge von Marienhof? |
| **Abendbrot,** das, * | supper | Was gibt es heute zum Abendbrot? |
| *Hochzeitsszene, die, -n* | wedding scene | Bei Hochzeitsszenen muss ich oft weinen. |

| | | |
|---|---|---|
| **Szene,** die, -n | scene | Solche Szenen sieht man viel zu selten. |
| **schlecht** (jdm ist ...) | (to feel) sick/nauseous | Das Essen war nicht gut. Mir ist schlecht. |
| **Blut,** das, * | blood | Sie kann kein Blut sehen. |
| **losrennen,** losgerannt | (to) run off | Sie hatte Angst und ist einfach losgerannt. |
| **trotzdem** | anyway, nevertheless | Es ist kalt, aber wir baden trotzdem. |
| **froh** | happy | Er ist froh, dass er Urlaub hat. |

## Übungen

| | | |
|---|---|---|
| **Ü1 a starten** | (to) take off | Schnell, das Flugzeug startet gleich! |
| *Bahnlinie, die, -n* | rail line | Die Bahnlinie S1 fährt unregelmäßig. |
| **Industrie,** die, -n | industry | In dieser Region gibt es kaum Industrie. |
| *Zugang, der, "-e* | entry | Hier ist kein Zugang, benutzen Sie den anderen Eingang. |
| **Bundesland,** das, "-er | federal state | Welche Bundesländer liegen im Osten? |
| **damit** | thereby | Sie war die Schnellste. Damit hat sie den Weltrekord! |
| *Industriestandort, der, -e* | industrial location | Wolfsburg ist ein Industriestandort. |

| | | |
|---|---|---|
| *Eisenbahnknotenpunkt, der, -e* | railway junction | Die Stadt Hamm ist Eisenbahn-knotenpunkt. |
| *Seehafen, der,* "- | seaport | Am Seehafen kann man große Schiffe sehen. |
| *Musical, das, -s* | musical | Wir waren in *Cats*. Mein Lieblings-Musical. |
| *Metropole, die, -n* | metropolis | Paris ist die schönste Metropole in Europa. |
| **erfolgreich** | successful | Er ist in seinem Beruf sehr erfolgreich. |
| **weltbekannt** | world famous | Er ist sogar weltbekannt. |
| **bekannt** | famous | Er ist bekannt für seine Filme. |
| **Ballett,** das, -e | ballet | Sie ist Tänzerin beim Ballett. |
| *idyllisch* | idyllic | + Die Landschaft hier ist idyllisch. |
| *Autobahnanschluss, der,* "-e | autobahn connection | – Ja, aber es gibt keinen Autobahn-anschluss. |
| **Landstraße,** die, -n | country road | + Man kann ja die Landstraße nehmen. |
| **anreisen** | (to) arrive | Viele Urlauber reisen mit der Bahn an. |
| **Dorfbewohner/in,** der/die, -/-nen | villager | Die meisten Dorfbewohner sind hier geboren. |

| | | | |
|---|---|---|---|
| | **Bewohner/in,** der/die, -/-nen | inhabitant, resident | Das Haus steht leer. Wo sind die Bewohner? |
| | *Bauernmarkt, der, "-e* | farmer's market | Wir kaufen oft auf dem Bauernmarkt ein. |
| Ü**2** a | **Teil,** der, -e | part | Einen Teil der Hausarbeit macht mein Mann. |
| Ü**3** | **Buchstabe,** der, -n | letter (of the alphabet) | X ist ein seltener Buchstabe. |
| Ü**4** | **wach** | awake | Meine Katze ist schon um fünf Uhr wach. |
| | **füttern** | (to) feed | Dann muss ich sie sofort füttern. |
| | **mitfahren,** mitgefahren | (to) go with | Darf ich bei euch im Auto mitfahren? |
| Ü**5** | **Abitur,** das, * | higher education entrance certification | Er hat mit 19 Jahren sein Abitur gemacht. |
| Ü**6** | **rechnen** | (to) do math, calculate | In Mathematik war er immer schlecht. Er kann nicht gut rechnen. |
| | *Musikschule, die, -n* | music school | Er lernt in der Musikschule Gitarre spielen. |
| Ü**9** | **Sehr geehrte/r ...** (Anrede im Brief) | Dear Sir/Madame | Sehr geehrte Frau Malinowski, ... |
| | **Mail,** die, -s | email | Er schickt ihr viele Mails. |
| | **einziehen,** eingezogen | (to) move in | Wir sind gerade in die Wohnung eingezogen. |

| *in Höhe von* | in the amount of | Wir zahlen Miete in Höhe von 700 Euro. |
| **abstellen** | (to) put | Sie dürfen Ihr Fahrrad hier nicht abstellen! |
| **zurückrufen,** zurückgerufen | (to) call back | Können Sie mich bitte schnell zurückrufen? |
| **folgende** | following | Die folgende Lektion ist sehr interessant. |
| **Nummer,** die, -n | number | Kannst du mir deine Nummer geben? |
| **herzlichst** | whole-hearted(ly) | Ich grüße dich herzlichst, deine Luise. |
| **Info,** die, -s *(Kurzform)* | info | Er braucht aktuelle Infos zum Thema. |
| Ü10 *Rettungssanitäter/in, der/die, -/-nen* | paramedic | Als Rettungssanitäter kann er vielen Menschen helfen. |
| *Fußball-WM,* die, -s | football world championships | Wer gewinnt die Fußball-WM? |
| *Fußballspieler/in, der/die, -/-nen* | soccer/football player | Brasilien hat sehr gute Fußballspieler. |
| **Stadion,** das, *Pl.:* Stadien | stadium | Das Stadion ist ausverkauft. |
| Ü11 **Ofen,** der, "- | oven | Die Pizza kommt frisch aus dem Ofen. |

| | | |
|---|---|---|
| **kulturell** | cultural | Diese Stadt bietet viel kulturelles Leben. |
| *Vergangene, das, \** | past, by-gones | Das Vergangene ist vorbei und vergessen. |
| **damals** | back then | Damals war das Leben anders als heute. |
| *Theaterintonation, die, \** | theatrical intonation | Sprich den Satz mal mit Theater-intonation! |

## 1 Kulturhauptstädte Europas

| | | |
|---|---|---|
| *Kulturhauptstadt, die, "-e* | European Capital of Culture | Welche Stadt war 2002 Kulturhauptstadt? |
| **1❶ Begriff,** der, -e | term, expression | Kannst du mir diesen Begriff erklären? |
| *Assoziogramm, das, -e* | association diagram | Wir machen ein Assoziogramm zum Thema Kultur. |
| **1❷ griechisch** | Greek | Aristoteles war ein griechischer Philosoph. |
| *Kulturminister/in, der/die, -/-nen* | minister of culture | Unser Kulturminister macht gute Politik. |

| **Minister/in,** der/die, -/-nen | minister | Wie viele Minister hat das Land? |
| **Titel,** der, - | title | Das Buch ist toll, aber ich habe leider den Titel vergessen. |
| **Kleinstadt,** die, "-e | small city | Ist das Leben in der Kleinstadt nicht langweilig? |
| *Festival, das, -s* | festival | Nein, wir haben im Sommer viele Festivals. |
| **Ausstellung,** die, -en | exhibition | Warst du in der Van-Gogh-Ausstellung? |
| **Oper,** die, -n | opera | Die Zauberflöte ist meine Lieblingsoper. |
| **Aufführung,** die, -en | performance | Die Aufführung gestern Abend hat mir sehr gefallen. |
| *Lesung, die, -en* | reading | Manchmal gibt es Lesungen im Literaturhaus. |
| **Veranstaltung,** die, -en | event | Das sind viele Veranstaltungen für so eine kleine Stadt! |
| **Innenstadt,** die, "-e | inner city, city centre | In der Innenstadt gibt es auch einige Kneipen. |
| **Hafen,** der, "- | port, harbour | Am Hafen kommen oft große Schiffe an. |
| *Open-Air-Bühne, die, -n* | open-air stage | Im Sommer gibt es Konzerte auf der Open-Air-Bühne. |
| **Bühne,** die, -n | stage | Es haben schon richtige Stars auf der Bühne gestanden. |

| *Literaturfestival, das, -s* | literature festival | Sehr bekannt ist auch unser Literatur-festival. |
| *Literatur, die, -en* | literature | + Interessierst du dich denn für Literatur? |
| **Künstler/in,** der/die, -/-nen | artist | − Natürlich, ich bin doch Künstlerin. |
| **bewerben** (sich), beworben | (to) apply | + Dann kannst du dich ja für unser Festival bewerben. |
| 1 **3** **Musical,** das, -s | musical (theatre) | Möchtest du in die Oper oder ins Musical gehen? |
| 1 **4** **Wahl,** die, -en | choice | Du hast die Wahl: Kaffee oder Tee? |
| *Partnerstadt, die, "-e* | partner city | Unsere Stadt hat viele Partnerstädte. |

## 2  Weimar – gestern und heute

| 2 **1** a geschäftlich | on business | Bist du privat oder geschäftlich hier? |
| *neugierig* | curious | Entschuldige die Frage, ich bin so neugierig. |
| **Wohnhaus,** das, "-er | residential building | In diesem Wohnhaus leben acht Familien. |
| **Bibliothek,** die, -en | library | Die Studenten lernen in der Bibliothek. |
| **Hochschule,** die, -n | college, university | Peter studiert an der Hochschule Medizin. |

| | | |
|---|---|---|
| **unbedingt** | absolutely | Er will unbedingt Arzt werden. |
| **teilnehmen, teilgenommen** | (to) take part in | Er nimmt an vielen Seminaren teil. |
| **lehren** | (to) teach | Hier lehren einige bekannte Professoren. |
| *Flügel (Instrument), der, -* | grand piano | + Kannst du auf diesem Flügel spielen? |
| **Orgel,** die, -n | organ | – Ja, ich spiele auch Orgel in der Kirche. |
| **Architektur,** die, -en | architecture | Das Haus hat eine interessante Architektur. |
| *Design, das, -s* | design | Innen ist das Design auch sehr modern. |
| **total** | downright, absolutely | Super! Ich finde es total schick! |
| **einplanen** | (to) include in one's plans | Hast du den Besuch auch eingeplant? |
| **lohnen** (sich) | (to) be worthwhile | Gut, die Ausstellung lohnt sich wirklich. |
| **auf jeden Fall** | in any case, absolutely | Die muss man auf jeden Fall sehen. |
| 2 2 a **Reiseleiter/in,** der/die, -/-nen | tour guide | Unser Reiseleiter weiß wirklich alles über die Stadt. |
| **einzeichnen** | (to) mark in | Ich zeichne den Treffpunkt auf dem Plan ein. |

| | | |
|---|---|---|
| **Ro͟ute,** die, -n | route | Kannst du die Route auch einzeichnen, bitte? |
| 2 **2** b **Dẹnkmal,** das, "-er | monument | Dieses Denkmal ist sehr bekannt. |
| *Touri̱stenattraktion, die, -en* | tourist attraction | Es ist eine Touristenattraktion. |
| **Attraktio͟n,** die, -en | attraction | + Gibt es noch andere Attraktionen? |
| **davo͟r** | in front of it | – Du stehst direkt davor. Das ist der Dom. |

## 3 Einen Theaterbesuch organisieren

| | | |
|---|---|---|
| 3 **1** *Nationa͟ltheater, das, -* | national theatre | + Was läuft heute im Nationaltheater? |
| **Theạterkasse,** die, -n | theatre box office | – Wir können bei der Theaterkasse fragen. |
| **Kạsse,** die, -n | cashier, box office | Sie müssen an der Kasse bezahlen. |
| **Re͟isegruppe,** die, -n | tour group | Wir sind eine Reisegruppe von 15 Personen. |
| *Parkẹtt, das, -e oder -s* | orchestra, stalls, main floor | Gibt es noch Plätze im Parkett? |
| **Ermä̱ßigung,** die, -en | reduction | Es gibt keine Ermäßigung für Gruppen. |
| **ạnbieten,** ạngeboten | (to) offer | + Bieten Sie Studenten eine Ermäßigung an? |

| _Abendkasse, die, -n_ | evening box office | – Ja, aber nur an der Abendkasse. |

**3 4** présentieren | (to) present | Der Reiseleiter präsentiert das Programm.

Anreise, die, -n | arrival | Die Anreise mit dem Zug ist am Freitag.

Abreise, die, -n | departure | Die Abreise ist am Sonntag.

Unterkunft, die, "-e | accommodation | Die Unterkunft im Hotel ist teuer.

## 4 Über Vergangenes sprechen und schreiben

**4 1** Parkautomat, der, -en | parking ticket machine | Hier muss man am Parkautomaten einen Schein ziehen.

**4 4** Komponist/in, der/die, -en/-nen | composer | Mozart ist ein bekannter Komponist.

_Stück (2), das, -e_ | piece | Dieses Stück ist aber von Bach, glaube ich.

**4 5 a** _Organist/in, der/die, -en/-nen_ | organist | + Spielen Sie Orgel?
– Ja, ich bin Organist!

_Konzertmeister/in, der/die, -/nen_ | concertmaster | Bach war Konzertmeister in Weimar.

**4 7** extra | extra | Er hat extra einen Kuchen gebacken.

| | | | |
|---|---|---|---|
| **4 8** | *Z**ei**tform,* die, -en | tense | Die Zeitformen muss man lernen. |
| | **St**a**dtführer/in,** der/die, -/-nen | city guide | Hans hat als Stadtführer gearbeitet. |
| | **Verl**o**bte,** der/die, -n | fiancée, betrothed | Da hat er seine Verlobte kennen gelernt. |
| | **verl**ie**ben** (sich) | (to) fall in love | Sie haben sich sofort verliebt. |
| | **Rom**a**n,** der, -e | novel | Das klingt wie in einem Roman! |
| **4 9** | *Dr**ei**ecksgeschichte,* die, -n | love triangle | Es ist eine Dreiecksgeschichte. Er liebt zwei Frauen. |
| **4 9 a** | **Sk**i**zze,** die, -n | sketch | Ich habe eine Skizze von der Wohnung gemacht. |
| | **verl**o**bt** (mit jdm) | engaged, betrothed | + Seid ihr verlobt? |
| | **befr**eu**ndet** (mit jdm) | friends | – Nein, wir sind leider nur befreundet. |
| | **verl**ie**bt** (in jdn) | in love | + Bist du denn verliebt? |
| **4 9 b** | **erw**ei**tern** | (to) expand | Ich muss meinen Wortschatz erweitern! |
| | **L**ei**d,** das, -en | suffering | Dieses Buch erzählt vom Leid einer Frau. |
| | *Rom**a**nheld/in,* der/die, -en/-nen | hero(ine) of a novel | Die Romanheldin ist arm und liebt einen reichen Mann. |

| **ụnglücklich** ≠ glücklich | unhappy | Er liebt sie nicht. Sie ist sehr unglücklich. |
| *Bạll (2), der, "-e* | ball | Wir gehen zum Opernball und tanzen. |
| *auf Reisen sein* | on the road | Als Künstler ist er viel auf Reisen. |
| **bewụndern** | (to) admire | Ich bewundere dich. Du bist nie nervös. |
| **liebevoll** | loving | Meine Mutter ist eine liebevolle Groß-mutter. |
| **kümmern** (sich um jdn) | (to) take care of | Sie kümmert sich gern um meine Kinder. |
| **tọt** | dead | Mein Vater ist leider seit drei Jahren tot. |
| **Sympathie, die, -n** | sympathy, understanding | Ich habe viel Sympathie für meine Kollegin. |
| **ẹnden** | (to) end | Wisst ihr, wie der Film endet? |
| **trạgisch** | tragic(ally) | Er endet tragisch. Alle sterben. |
| 4 🔟 **Persönlichkeit, die, -en** | character, personality | In dieser Stadt haben viele interessante Persönlichkeiten gelebt. |
| **biogrạfisch** | biographic | Der Roman gibt viele biografische Infor-mationen. |

## Übungen

**Ü 1 a** **brennen,** gebrannt — (to) burn — Hilfe, ein Feuer! Es brennt!

*weltberühmt* — world-famous — Diese Geschichte kennt jeder. Sie ist weltberühmt.

**abspielen** (sich) — (to) occur, play out — Wo hat sie sich abgespielt?

*Weimarer/in, der/die, -/-nen* — inhabitant of Weimar — Die Weimarer sprechen Dialekt.

**Dach,** das, "-er — roof — Oben auf dem Dach sitzt eine Katze.

**stoppen** — (to) stop — Die Polizei stoppt den Verkehr.

**retten** — (to) rescue — Die Feuerwehr rettet die Katze vom Dach.

**Bibel,** die, -n — bible — Liest du manchmal in der Bibel?

*beschädigen* — (to) damage — Diese Bibel ist sehr alt, aber kaum beschädigt.

**Sammlung,** die, -en — collection — Horst hat eine Briefmarken-Sammlung.

*vor Ort* — on site — Ein Journalist muss immer vor Ort sein.

**Drama,** das, *Pl.:* Dramen — drama — Dieser Unfall ist ein Drama für die Familie.

**Ü 2** **Eintrittskarte,** die, -n — admission ticket — Ich habe Eintrittskarten gewonnen.

| Ü3 | **Fußballspiel,** das, -e | football/soccer game | Sind das Karten für ein Fußballspiel? |
| | **Hauptsache,** die, * | main thing | Freust du dich? Das ist die Hauptsache. |
| | **wunderbar** | wonderful | Ja, ich finde es wunderbar. |
| Ü4 a | **zusammenpassen** | (to) go together, match | Dieses Hemd und die Hose passen nicht zusammen. |
| | **unverheiratet** ≠ verheiratet | unmarried | Bestimmt ist er noch unverheiratet. |
| Ü5 b | **Eintritt,** der, -e | admission | Der Eintritt für das Konzert ist zu teuer. |
| Ü6 | **Jugendliebe,** die, -n | early/puppy love | Er hat seine alte Jugendliebe wieder getroffen. |
| | **Hoffnung,** die, -en | hope | Er ist sehr krank, aber es gibt noch Hoffnung. |
| | **abreisen** | (to) depart | Wir müssen am Sonntag wieder abreisen. |
| Ü7 a | **Bekannte,** der/die, -n | acquaintance | Ein alter Bekannter von mir ist gestorben. |
| | **Tod,** der, -e | death | Ich habe erst heute von seinem Tod erfahren. |
| Ü8 | **Bauhaus,** das, * | Bauhaus | Ich mag das Bauhaus-Design. |
| | **sterben,** gestorben | (to) die | Jeder Mensch muss sterben. |
| | **eröffnen** | (to) open | In der Straße hat ein neues Café eröffnet. |

| | | | |
|---|---|---|---|
| **Ü 9** | **Möbelklassiker** | classic piece of furniture | Dieses Sofa ist ein Möbelklassiker. |
| **Ü 9 a** | **benennen,** benannt | (to) call, name | Wie kann man dieses Ding benennen? |
| **Ü 9 b** | **unbequem** ≠ bequem | uncomfortable | Das Sofa gefällt mir nicht. Es ist unbequem. |

# 9 Arbeitswelten

| | | |
|---|---|---|
| **Lebenslauf,** der, "-e | résumé | Klaus sucht einen Job. Er schreibt zuerst seinen Lebenslauf. |
| **hinterlassen,** hinterlassen | (to) leave | Sie können mir telefonisch eine Nachricht hinterlassen. |
| **Höflichkeit,** die, -en | politeness | Höflichkeit kostet nichts, sagt meine Oma. |

## 1 Ausbildung, Umschulung, Beruf

| | | | |
|---|---|---|---|
| | **Umschulung,** die, -en | retraining | Vor ihrer Umschulung hatte sie keine Arbeit. |
| **1 1** | **Facharbeiter/in,** der/die, -/-nen | skilled worker | Jetzt arbeitet sie als Facharbeiterin. |

| | | |
|---|---|---|
| *Rinderzucht, die, -en* | cattle breeding | Ich mag Kühe. Rinderzucht interessiert mich. |
| **Rind,** das, -er | beef-cattle | Mein Onkel lebt auf dem Land. Er hat viele Rinder. |
| **aufziehen,** aufgezogen | (to) raise | Ich will meine Kinder auf dem Land aufziehen. |
| **Wende,** die, * | turnaround (German reunification) | Vor der Wende haben wir in Dresden gelebt. |
| *Vereinigung, die, -en* | unification | Nach der Vereinigung sind wir nach Hamburg gezogen. |
| **Betrieb,** der, -e | company | In diesem Betrieb arbeiten 150 Leute. |
| **Bewerbung,** die, -en | application | Sie hat schon 30 Bewerbungen geschrieben. |
| *Landwirtschaft, die, -en* | agriculture | Aber in der Landwirtschaft gibt es keine Jobs. |
| **Bauer/Bäuerin,** der/die, -n/-nen | farmer | Sie kann nicht mehr als Bäuerin arbeiten. |
| **Arbeitsamt,** das, "-er | labour/employment office | Also geht sie zum Arbeitsamt. |
| **programmieren** | (to) programme | In welcher Computersprache ist das programmiert? |
| **Teilzeit,** die, * | part-time | Möchten Sie Teilzeit oder Vollzeit arbeiten? |
| **Vollzeit,** die, * | full-time | Ich muss Vollzeit arbeiten. |

| | | |
|---|---|---|
| **Erzieher/in,** der/die, -/-nen | educator | Sie arbeitet als Erzieherin, weil sie Kinder mag. |
| **tagsüber** | during the day | Tagsüber bin ich fast nie zu Hause. |
| **Großküche,** die, -n | large kitchen, industrial kitchen | Er ist Koch in einer Großküche. |
| **anstrengend** | strenuous | Die Arbeit ist sehr anstrengend. |
| **Ausbildungsplatz,** der, "-e | apprenticeship | Klaus hat einen Ausbildungsplatz gefunden. |
| **Berufsschule,** die, -n | vocational school | Jetzt geht er in die Berufsschule. |
| *Frisörsalon, der, -s* | hair salon | Im Frisörsalon lernt er Haare schneiden. |
| **ausbilden** | (to) train | Sein Chef bildet drei junge Leute aus. |
| **Angestellte,** der/die, -n | employee | Er hat insgesamt sechs Angestellte. |
| **Auszubildende,** der/die, -n | trainee, apprentice, student | Die Auszubildenden lernen viel und gern. |
| 1 **2** **selbstständig machen** (sich) | (to) go into business (for oneself), go free-lance | Klaus will sich später selbstständig machen. |
| 1 **3** **Militär,** das, * | military | Aber mit 18 muss er noch neun Monate zum Militär. |
| **Au-Pair,** das, -s | au-pair | Eva geht als Au-Pair für ein Jahr nach Rom. |

**2 1 a** *Anforderung, die, -en* — requirement — Die Firmen stellen hohe Anforderungen.

*Krankenpflege, die, \** — nursing — In der Krankenpflege gibt es noch Jobs.

*Schichtdienst, der, -e* — shift work — Sie müssen im Schichtdienst arbeiten.

**Berufserfahrung,** die, \* — job experience — Ohne Berufserfahrung findet man keine Stelle.

**Führerschein** (Klasse B), der, -e — driver's license — Zum Autofahren braucht man den Führerschein der Klasse B.

**ambulant** — outpatient — + Warst du im Krankenhaus? – Ja, aber nur ambulant.

*Pflegestation, die, -en* — nursing ward — Die Pflegestation kümmert sich um alte Leute.

**Pflege,** die, \* — nursing care — Mein Opa braucht rund um die Uhr Pflege.

**z. T.** = zum Teil — partly — Ich habe die Arbeit nur zum Teil gemacht.

**schriftlich** — in writing — Bitte schicken Sie eine schriftliche Bewerbung.

*Baustelle, die, -n* — construction site — In Berlin gibt es viele Baustellen.

**Maurer/in,** der/die, -/-nen — mason — Für Maurer gibt es hier genug Arbeit.

| **Maler/in,** der/die, -/-nen | painter | + Habt ihr noch Maler in eurer Wohnung? |
| **Lackierer/in,** der/die, -/-nen | varnisher | – Ja, die Lackierer machen unsere Fenster neu. |
| **Berufsanfänger/in,** der/die, -/-nen | entrant into the job market | + Sind Sie Berufsanfänger? |
| *Technische/r Zeichnerin/ Zeichner,* die/der, -nen/- | technical draftsperson | – Nein, ich habe schon als Technischer Zeichner gearbeitet. |
| **Kenntnis,** die, -e | knowledge | Meine Kenntnisse in Geschichte sind schlecht. |
| **Industriekaufmann/-frau,** der/die, "-er/-en | industrial manager | Franz arbeitet als Industriekaufmann. |
| **Export,** der, -e | export | Der Export ist sehr wichtig für die deutsche Wirtschaft. |
| *Sachbearbeitung, die, * * | clerical work, paper pushing | Seine Kollegin ist in der Sachbearbeitung tätig. |
| *Kundenkontakt, der, -e* | customer contact | Ein guter Kundenkontakt ist wichtig für die Firma. |
| **Profil,** das, -e | profile | Dieser Bewerber hat das richtige Profil. |
| **attraktiv** | attractive | Susi sieht sehr attraktiv aus. |
| *Sozialleistung, die, -en* | social benefits | Die Firma bietet Sozialleistungen an. |

| | | |
|---|---|---|
| **Ạnsprechpartner/in,** der/ die, -/-nen | contact person | Ihre Ansprechpartnerin ist Frau Hubert. |
| **telefọnisch** | by telephone | Sie ist telefonisch bis 18 Uhr zu erreichen. |
| **rịchten** (etw. an jdn) | (to) direct, address | Sie können Ihre Frage auch an mich richten. |
| 2 1 b **Wọchenendarbeit,** die, -en | weekend shift | Für Kellner ist Wochenendarbeit normal. |
| **verdọppeln** | (to) double | + Die Zahl der unverheirateten Männer hat sich verdoppelt. |
| **fẹststellen** | (to) find out, discover | − Wer hat das festgestellt? |
| *Stụdie,* die, -n | study | + Das ist das Ergebnis einer Studie. |
| *Fọrschungsgruppe,* die, -n | research group | Die Forschungsgruppe präsentiert ihre Studie. |
| *Ạrbeitssuchende,* der/die, -n | job seeker | Von den Männern sind 20 % Arbeitssuchende. |
| *Rẹnner,* der, - | blockbuster, good seller | Dieser Film ist der Renner in den Kinos. |
| *Jọbbörse,* die, -n | job fair/forum | Er hat seine Stelle über die Jobbörse gefunden. |
| **Nụtzer/in,** der/die, -/-nen | user | Als Nutzer des Internets bin ich informiert. |

| | | | |
|---|---|---|---|
| 2 2 | *tabellarisch* | in tabular form | Schicken Sie uns Ihren tabellarischen Lebenslauf. |
| | **Stichwort,** das, "-er | keyword | Ein paar Stichwörter sind genug. |
| 2 2 a | **Schulabschluss,** der, "-e | secondary school qualifications | Sie hat mit 16 ihren Schulabschluss gemacht. |
| | **persönliche Daten,** die, *Pl.* | personal detail/data/info | Ich habe eine Frage zu ihren persönlichen Daten. Wo sind Sie geboren? |
| | **persönlich** | personal(ly) | Der Chef möchte persönlich mit dir sprechen. |
| | **Anschrift,** die, -en | mailing address | Ich bin umgezogen. Hast du meine neue Anschrift? |
| | *GmbH, die, -s* | Co. Ltd. | Diese Firma ist eine GmbH. |
| | *Buchhaltung, die, -en* | bookkeeping, accounting | Frau Mayer führt die Buchhaltung. |
| 2 2 b | **senden** | (to) send | Wir senden Ihnen den Vertrag per Post. |
| | **mit freundlichen Grüßen** (*Gruß im Brief*) | Sincerely *(on letter)* | |
| | **Vogel,** der, "- | bird | Der Strauß ist ein Vogel, der nicht fliegen kann. |
| | **imitieren** | (to) imitate | Ich kann einen Hund imitieren: Wau wau! |

### 3 Berufswünsche

**3 1 a** *Schiffskapitän/in, der/die, -e/-nen* — (ship's) captain — Als kleiner Junge wollte er Schiffskapitän werden.

*Bautechniker/in, der/die, -/-nen* — constructional engineer — Aber dann ist er Bautechniker geworden.

**3 3** *Traumberuf, der, -e* — dream job — Welche Traumberufe haben deine Kinder?

**Tänzer/in,** der/die, -/-nen — dancer — Meine Tochter will Tänzerin werden.

*Lokomotivführer/in, der/die, -/-nen* — locomotive engineer — Mein Sohn will Lokomotivführer werden.

**3 4 b** **anwenden** — (to) use, apply — Du musst die Grammatik auch anwenden.

**unzufrieden** ≠ zufrieden — dissatisfied — Bist du unzufrieden mit deinen Deutsch-kenntnissen?

### 4 Wortschatz systematisch

**Wortschatz,** der, * — vocabulary — Ja, mein Wortschatz ist zu klein.

**systematisch** — systematic(ally) — Es ist am besten, Wörter systematisch zu lernen.

| | | | |
|---|---|---|---|
| **4 1 a** | **Tätigkeit,** die, -en | activity | Es gibt viele interessante Tätigkeiten. |
| | **Tischler/in,** der/die, -/-nen | cabinet maker, joiner, carpenter | Am liebsten möchte ich als Tischler arbeiten. |
| **4 5** | **Karteikarte,** die, -n | index card | Was machst du mit den Karteikarten? |
| | *Grammatik, die, -en* | grammar | Ich lerne die deutsche Grammatik. |

**5 Höflichkeit**

| | | | |
|---|---|---|---|
| **5 2** | **Rückruf,** der, -e | return call | Sie wartet auf seinen Rückruf. |
| | **dringend** | urgent | Es ist dringend, beeilen Sie sich! |
| | **Institut,** das, -e | institute, department | Ich rufe den Professor im Institut an. |
| | **verbinden** (sich ... lassen) | (to) connect | Können Sie mich bitte mit Herrn Mantey verbinden? |
| | **unterbrechen** (jdn), unterbrochen | (to) interrupt | Aber ich kann meine Frage nicht stellen. Er unterbricht mich immer. |
| **5 3** | **zumachen** | (to) close | Kannst du bitte die Tür zumachen? |
| | **Taschentuch,** das, "-er | handkerchief | Du bist erkältet. Möchtest du ein Taschentuch? |

Einheit 9

| | | | |
|---|---|---|---|
| 5 4 | **vorbeilassen,** vorbei- gelassen | (to) let by | Ich muss hier durch. Lassen Sie mich vorbei? |
| 5 6 | **klingen,** geklungen | (to) sound | Das Lied klingt traurig. |
| 5 7 | **höflich** | polite | Die Engländer sind immer sehr höflich. |
| | **interkulturell** | inter-cultural | Interkulturelle Beziehungen sind wichtig. |
| | **Betonung,** die, -en | stress, accentuation | Die Betonung liegt auf diesem Wort. |
| | **Körpersprache,** die, -n | body language | Seine Körpersprache drückt mehr aus als Worte. |
| | **hoch** (2) | up | Sie müssen hoch in den fünften Stock gehen. |
| | **Stimme,** die, -n | voice | Der Sänger hat eine schöne Stimme. |
| | *Satzanfang, der,* "-e | beginning of a sentence | Ich habe den Satzanfang nicht verstanden. |

### Übungen

| | | | |
|---|---|---|---|
| Ü 1 | *Schichtarbeiter/in, der/die, -/-nen* | shift worker | Schichtarbeiter müssen oft nachts arbeiten. |
| | **hart** | hard | Ja, das ist hart. |

| | | |
|---|---|---|
| *Florist/in, der/die, -en/-nen* | florist | Sie liebt Blumen. Sie will Floristin werden. |
| **Gärtnerei,** die, -en | nursery, greenhouse, market garden | Sie hat sich bei einer Gärtnerei beworben. |
| **Feierabend,** der, -e | end of work | Ich will jetzt nicht an die Arbeit denken. Ich habe Feierabend! |
| *Flugzeugbauer/in, der/die, -/-nen* | aircraft constructor | Flugzeugbauer ist ein interessanter Beruf. |
| *Kommunikationswissen-schaften, die, Pl.* | communications studies | Ella hat Kommunikationswissenschaften studiert. |
| **Band,** die, -s | band | Diese Band macht gute Musik. |
| **chaotisch** | chaotic | Entschuldige, meine Wohnung sieht chaotisch aus. |
| *Talent, das, -e* | talent | Der junge Musiker hat viel Talent. |
| *Bit, das, -s* | bit | + Wie viel ist ein Bit? |
| *Byte, der, -s* | byte | − Ein Byte besteht aus acht Bits. |
| *Fachinformatiker/in, der/die, -/-nen* | computer scientist | Er ist ein erfahrener Fachinformatiker. |
| *Zahntechniker/in, der/die, -/-nen* | dental technician | Seine Freundin ist Zahntechnikerin. |

Ü2

| | | |
|---|---|---|
| *befristet* | limited, restricted in time | Ihre Stelle ist auf ein Jahr befristet. |
| **Zahnarztpraxis,** *die,* Pl.: Zahnarztpraxen | dental practice | Mein Zahnarzt hat eine moderne Zahnarztpraxis. |
| **Mediendesigner/in,** *der/die,* -/-nen | media designer | Mediendesigner ist ein kreativer Beruf. |
| Ü2 a **bieten,** geboten | (to) offer, present | Das Kino bietet ein gutes Programm. |
| Ü2 b *Webdesign, das, -s* | web design | Haben Sie Erfahrung in Webdesign? |
| **Babypause,** die, -n | parental leave | Nach der Geburt ihrer Tochter macht sie eine Babypause. |
| Ü3 **Geburtsdatum,** das, * | birth date | + Wie ist dein Geburtsdatum? − 16.01.1969. |
| **Teil,** der, -e | part | Das ist nur ein Teil. Der Rest kommt später. |
| **Geburtsort,** der, -e | birth place | München ist sein Geburtsort. |
| Ü4 **Dolmetscher/in,** der/die, -/-nen | interpreter | Sie ist Dolmetscherin für Russisch. |
| **Grafiker/in,** der/die, -/-nen | graphic designer | Er ist Grafiker bei einer Zeitung. |
| Ü5 **Musikinstrument,** das, -e | musical instrument | Meine Kinder lernen alle ein Musikinstrument. |

| Ü7 | **tippen** | (to) type | Die Sekretärin tippt den Brief. |
| | **Übersetzer/in,** der/die, -/-nen | translator | Er kann perfekt Spanisch. Er ist Übersetzer. |
| Ü8 | **Karriere,** die, -n | career | Sie möchte Karriere machen und viel Geld verdienen. |
| Ü9 | **unsicher** ≠ sicher | insecure, unsure | Als Berufsanfänger ist man oft unsicher. |
| | **deshalb** | therefore | Deshalb braucht man manchmal Hilfe. |
| Ü10 | **zurzeit** | right now, at the moment | Zurzeit habe ich Urlaub. |
| | **Signalton,** der, "-e | beep, signal tone | Bitte sprechen Sie nach dem Signalton. |
| Ü11 | *Modell, das, -e* | model | Dieses Modell ist der Renner! |

## Station 3

### 1 Berufsbild Ergotherapeutin

| | | |
|---|---|---|
| *Ergotherapeut/in, der/die, -en/-nen* | ergo-therapist | Sie arbeitet als Ergotherapeutin. |
| **1 2 a** *Zeile, die, -n* | line | Ich habe nur ein paar Zeilen gelesen. |
| *Konzentration, die, \** | concentration | Er hat Probleme mit der Konzentration. |
| *Therapie, die, -n* | therapy | Dagegen hilft eine Therapie. |
| *speziell* | special | Es gibt auch spezielle Übungen, die helfen. |
| *Bewegung, die, -en* | movement | Bewegung ist wichtig. Ich treibe viel Sport. |
| *basteln* | (to) do crafts, make things | Kinder basteln gern. |
| *Material, das, Pl.: Materialien* | material | Welche Materialien benutzt ihr? |
| *Holz, das, "-er* | wood | Als Tischler arbeitet er viel mit Holz. |
| *verbessern* | (to) improve | Ich möchte meine Kenntnisse verbessern. |

| | | |
|---|---|---|
| *Berufsfachschule, die, -n* | vocational school | Geh doch zu einer Berufsfachschule. |
| *Fachschulunterricht, der, *** | vocational school classes | Der Fachschulunterricht ist interessant. |
| *Mischung, die, -en* | mixture | Ich mag die Mischung aus Praxis und Theorie. |
| *Theorie, die, -n* | theory | Die Theorie ist aber manchmal langweilig. |
| *Berufsalltag, der, *** | on the job, job routine | Im Berufsalltag lernt man am meisten. |
| *Seniorenheim, das, -e* | home for the aged | Meine Großmutter wohnt im Seniorenheim. |
| *alltäglich* | everyday | Wir sprechen über alltägliche Probleme. |
| *hyperaktiv* | hyperactive | Viele Kinder sind heute hyperaktiv. |
| *nachbauen* | (to) build according to | Er baut das Modell nach. |
| *konzentriert* | concentrated | In seinem Büro kann er konzentriert arbeiten. |
| 1 2 b *dreijährig* | three-year(-old) | Sie hat eine dreijährige Tochter. |
| 1 4 a *einsammeln* | (to) collect | Sie sammelt das Geld für das Geschenk ein. |
| *aufspringen, aufgesprungen* | (to) jump up, get up quickly | Wer zuerst aufspringt, hat gewonnen. |
| 1 4 b *aufstellen* | (to) position | Bitte stellt euch in dieser Reihenfolge auf. |

| | | |
|---|---|---|
| *rechte* | right | Ich kann nur mit der rechten Hand schreiben. |
| **1 5 b** *zurückkommen, zurück-gekommen* | (to) come back | Wir sind gestern aus dem Urlaub zurückgekommen. |

## 2   Wörter – Spiele – Training

| | | |
|---|---|---|
| **2 1** *Beruferaten, das, \** | Guess The Occupation | Beruferaten ist ein lustiges Spiel. |
| **2 1 b** *tagsüber* | during the day | Tagsüber arbeite ich viel. |
| *nachts* | at night | Nachts schlafe ich. |
| **2 2** *setzen (sich)* | (to) sit (down) | Setzen Sie sich doch. |
| *diktieren* | (to) dictate | Hast du den Brief diktiert? |
| *Bauarbeiter/in, der/die, -/-nen* | construction worker | Ihr Mann ist Bauarbeiter. |
| **2 3** *mündlich* | orally | Diese Übung machen wir mündlich. |
| **2 4** *zusammenzählen* | (to) add up | Ich muss die Punkte zusammenzählen. |
| *Punkt, der, -e* | point | Ich habe 70 von 100 Punkten. |
| *Auflösung, die, -en* | solution | Kennst du die Auflösung des Rätsels? |

| *hektisch* | hectic | Immer bist du so nervös und hektisch. |
| *Picknick, das, -s und -e* | picnic | Wir machen ein Picknick im Park. |
| *Parkplatzsuche, die, \** | looking for a parking spot | Die Parkplatzsuche hat lange gedauert. |

## 3 Grammatik und Evaluation

| 3 1 | *drittgrößte* | third-largest | Ist München die drittgrößte Stadt Deutschlands? |
| | *scheinen, geschienen* | (to) shine | Die Sonne hat den ganzen Tag geschienen. |
| | *Mountainbike, das, -s* | mountain bike | Er fährt gern mit seinem Mountainbike. |
| | *Vogelreservat, das, -e* | bird sanctuary | Wir fahren heute ins Vogelreservat. |
| | *Vogelart, die, -en* | kind of bird | Da kann man viele Vogelarten sehen. |
| | *Art, die, -en* | kind | Es gibt auch seltene Arten. |
| 3 2 | *Wortstellung, die, \** | word order | Die Wortstellung in der deutschen Sprache ist manchmal schwer. |
| 3 6 | *Generation, die, -en* | generation | In unserem Haus leben drei Generationen. |
| | *Bäckerei, die, -en* | bakery | Heute gibt es keine Brötchen. Die Bäckerei hat zu. |
| | *Älteste, der, -n* | oldest, eldest | Mein Großvater ist der Älteste. Er ist 95. |

## 4 Videostation 3

**4 1** *Spur, die, -en (auf den Spuren von jdm)* | track | Im Schnee kann man die Spuren gut sehen.

**4 1 a** *Filmausschnitt, der, -e* | film clip | Ich habe einen Filmausschnitt gesehen.

*Ausschnitt, der, -e* | clip | Der Ausschnitt war schön, ich will den ganzen Film sehen.

**4 1 b** *Einkaufspassage, die, -n* | shopping arcade | In der Einkaufspassage findet man alles.

*Gartenhaus, das, "-er* | garden house, pavilion, cabin | Goethe hat oft im Gartenhaus gearbeitet.

**4 3** *Pferdeschlitten, der, -* | horse-drawn sleigh | Im Winter könnt ihr Pferdeschlitten fahren.

*Eislaufen, das, \** | ice skating | Eislaufen macht auch Spaß.

*Eishockeyspiel, das, -e* | hockey game | Wer hat das Eishockeyspiel gewonnen?

**4 4** *Glashütte, die, -n* | glassworks | Mein Großvater hat in einer Glashütte gearbeitet.

**4 4 a** *weiterziehen, weitergezogen* | (to) move on | Die Vögel ziehen weiter nach Süden.

**4 4 b** *vorfinden, vorgefunden* | (to) find | Dort finden sie ein besseres Klima vor.

*Hütte, die, -n* | hut | In unserem Garten gibt es auch eine Hütte.

| | | |
|---|---|---|
| *Produktion, die, -en* | production | Für die Produktion von Papier braucht man Holz. |
| *schlagen, geschlagen* | (to) beat (*here:* cut) | Aber man darf nicht so viele Bäume schlagen. |
| 4 6 a *ungewöhnlich ≠ gewöhnlich* | unusual | Diese Kälte im Juli ist ungewöhnlich. |

## 5 Magazin: Tiere in der Zeitung

| | | |
|---|---|---|
| *witzig* | funny | Warum lachst du? Das ist gar nicht witzig! |
| *menschlich* | human | Fehler sind menschlich. |
| *Bundespräsident/in, der/die, -en/-nen* | Federal President | Unser Bundespräsident ist der beste! |
| *unersetzlich* | irreplaceable | Ja, er ist einfach unersetzlich. |
| *Überschrift, die, -en* | headline | In der Zeitung lese ich nur die Überschriften. |
| *überfliegen, überflogen* | (to) scan | Ich überfliege die Artikel nur. |
| *zusammenfassen* | (to) summarize | Kannst du den Text kurz zusammenfassen? |
| *Tierische, das, \** | animal-like | Es ist ein Text über das Tierische im Menschen. |
| *Husky-Hündin, die, -nen* | husky dog (female) | Meine Husky-Hündin läuft Rennen. |

| *Frauchen, das, -* | mistress, owner | Du bist das Frauchen von der Husky-Hündin? |
| *bellen* | (to) bark | Mein Hund Struppi bellt ziemlich laut. |
| *wecken* | (to) wake | Dann weckt er alle Nachbarn. |
| *Bürgermeister/in, der/die, -/-nen* | mayor | Ist das der Bürgermeister von Bremen? |
| *Rettung, die, -en* | rescue, salvation | Danke für die Hilfe. Du bist meine Rettung. |
| *Jumbo Jet, der, -s* | jumbo jet | Fliegt ihr mit dem Jumbo Jet? |
| *Passagierraum, der, "-e* | passenger cabin | Der Jet hat einen großen Passagierraum. |
| *Passagier/in, der/die, -/-nen* | passenger | Wie viele Passagiere passen hinein? |
| *an Bord* | on board | Es sind 300 Passagiere an Bord. |
| *Typ, der, -en* | type, model | Das ist ein Flugzeug vom Typ Boeing 747. |
| *Jet, der, -s* | jet | Der Jet kann nicht starten. |
| *blinde Passagier/in, der/die, -e/-nen* | stowaway | Die Polizei sucht einen blinden Passagier. |
| *Airline, die, -s* | airline | Ich fliege oft mit dieser Airline. |

| | | |
|---|---|---|
| **Gefahr,** *die, -en* | danger | James Bond ist immer in Gefahr. |
| **Kabel,** *das, -* | cable | Der Computer geht nicht. Ist das Kabel kaputt? |
| **durchbeißen,** *durchgebissen* | (to) bite/chew through | Oh nein, eine Maus hat es durchgebissen! |
| **umbuchen** | (to) change a booking | Wir müssen den Flug umbuchen. |
| **Klingeln,** *das, \** | ringing | Hast du das Klingeln an der Tür nicht gehört? |
| **Bericht,** *der, -e* | report | Ich muss den Bericht noch schreiben. |
| **Provinz,** *die, -en* | province, boonies | In der Provinz passiert nicht so viel. |
| **Kuhstall,** *der, "-e* | cow barn | Die Kühe laufen allein in den Kuhstall. |
| **schießen,** *geschossen* | (to) shoot | + Hat da jemand geschossen? |
| **Jäger/in,** *der/die, -/-nen* | hunter | – Ja, das war bestimmt ein Jäger. |
| **Herrchen,** *das, -* | master | Jeder Hund liebt sein Herrchen. |
| **verletzen** | (to) hurt/injure | Bei dem Unfall wurden viele Leute verletzt. |
| **Unglück,** *das, \** | accident, misfortune | Was für ein Unglück! |
| **Jagd,** *die, -en* | hunting | Diese Hunde sind gut für die Jagd. |

| | | |
|---|---|---|
| *Dackel, der, -* | dachshund | Ich mag kleine Dackel lieber. |
| *loslassen, losgelassen* | (to) let loose | Im Wald lässt der Jäger die Hunde los. |
| *Gewehr, das, -e* | gun | Er schießt Vögel mit seinem Gewehr. |
| *treten, getreten* | (to) kick | Aua! Du hast mich getreten! |
| *Abzug, der, "-e* | trigger | Er hat den Finger schon am Abzug. |
| *Schuss, der, "-e* | shot | Dann hört man den Schuss. |
| *losgehen, losgegangen* | (to) go off | Plötzlich ist ein Schuss losgegangen. |
| *betrunken (sein)* | (to be) drunk | Nach der Party war er sehr betrunken. |
| *schwedisch* | Swedish | Ich mag die schwedische Natur. |
| *Elch, der, -e* | moose | Dort gibt es Elche. Das sind schöne Tiere. |
| *randalieren* | (to) rampage | Aggressive Typen haben hier randaliert. |
| *Genuss, der, "-e* | pleasure | Dieser gute Wein ist ein Genuss. |
| *faul* | lazy | Er arbeitet nie. Er ist einfach faul. |
| *normalerweise* | normally | Normalerweise mag ich keine faulen Leute. |

| | | |
|---|---|---|
| *friedlich* | peaceful | Unser Dorf ist sehr friedlich. |
| *Polizist/in, der/die, -en/-nen* | police officer | Die Polizistin kümmert sich um den Verkehr. |
| *fressen, gefressen* | (to) eat | Alle Katzen fressen gern Fisch. |
| *Polizeikommando, das, -s* | police (detachment) | Das Polizeikommando ist sofort zur Stelle. |
| *aggressiv* | aggressive | Betrunkene Leute sind oft aggressiv. |
| *Menge, die, -n* | deal, quantity | Es gibt eine Menge Cafés im Zentrum. |
| *enthalten, enthalten* | (to) contain | Dieser Wein enthält wenig Alkohol. |
| *Eichhörnchen, das, -* | squirrel | Im Park gibt es viele Eichhörnchen. |
| *rennen, gerannt* | (to) run | Sie können sehr schnell rennen. |
| *Grauhörnchen, das, -* | grey squirrel | Grauhörnchen sind auch süß. |
| *Strafraum, der, "-e* | penalty area | Jetzt kommt der Ball in den Strafraum. |
| *einwandern* | (to) immigrate | Meine Eltern sind in den 60er Jahren in Deutschland eingewandert. |
| *verdrängen* | (to) repress | Ich verdränge meine Probleme gerne. |
| *robust* | robust | Mein Fahrrad ist alt, aber sehr robust. |

| | | |
|---|---|---|
| *zurẹchtkommen, zurẹcht-gekommen* | (to) manage | Wie kommst du alleine zurecht? |
| *mịtten in* | in the middle of | Ich habe eine schöne Wohnung mitten in der Stadt. |
| *Hạlbzeit, die, -en* | half-time | In der Halbzeit kommen die Nachrichten. |
| *Zụschauer/in, der/die, -/-nen* | viewer, spectator | Die Zuschauer im Stadion sind begeistert. |
| *Tọr, das, -e* | goal | Der Ball ist im Tor! |
| *rụmturnen* | (to) scramble around | Die Kinder turnen im Zimmer rum. |
| *irgendwọ* | somewhere | Irgendwo ist mein Führerschein, aber wo? |
| *verjạgen* | (to) chase away | Er hat die Katze verjagt. |

# 10 Feste und Geschenke

| | | |
|---|---|---|
| **Brauch,** der, "-e | custom | Das ist ein alter Brauch in unserem Dorf. |
| **Bedịngung,** die, -en | condition | Viele Menschen arbeiten unter schlechten Bedingungen. |

| | | |
|---|---|---|
| **Folge** (2), die, -n | consequence | Die Folge ist, dass sie krank werden. |
| **scharf,** schärfer, am schärfsten | sharp, hot | Das Essen ist aber scharf! |
| **flüstern** | (to) whisper | Nicht so laut! Wir müssen flüstern. |

## 1 Feste und Bräuche

| | | |
|---|---|---|
| 1❶ *Maß, die, -* | litre (of beer) | Komm, trink noch eine Maß mit. |
| *Oktoberfest, das, -e* | Oktoberfest | Sie fahren jedes Jahr aufs Oktoberfest. |
| *Weihnachtspyramide, die, -n* | Christmas pyramid | Wir haben eine Weihnachtspyramide aus dem Erzgebirge. |
| **verkleiden** | (to) dress up | Alle Kinder verkleiden sich gern. |
| **Weihnachtsbaum,** der, "-e | Christmas tree | Die Geschenke liegen unter dem Weihnachtsbaum. |
| **Kürbis,** der, -se | pumpkin, squash | + Isst du gern Kürbis? – Ja, als Suppe. |
| **Brezel,** die, -n | pretzel | Zum Bier gibt es in Bayern oft eine Brezel. |
| *Valentinstag, der, -e* | Valentine's day | Am Valentinstag schicke ich dir eine Karte. |
| *Halloween, das, * * | Halloween | Heute ist Halloween. Hast du Angst? |

| **1 2** **Import,** der, -e | import | Der Import von spanischen Weinen läuft gut. |
| **1 2 a** **Region,** die, -en | region | In dieser Region spricht man Dialekt. |
| **deutschsprachig** | German-speaking | + Meine Eltern sind nicht deutschsprachig. |
| *Ursprung, der, "-e* | origin | – Welche Ursprünge hat deine Familie denn? |
| **Einwanderer/Einwanderin,** der/die, -/-nen | immigrant | + Sie sind russische Einwanderer. |
| **Kerze,** die, -n | candle | Eine Kerze auf dem Tisch finde ich schön. |
| **hineinstellen** | (to) put in | Hast du die Kerze schon hineingestellt? |
| **vertreiben,** vertrieben | (to) chase away | Wie müssen die Katzen aus dem Garten vertreiben, sie jagen die Vögel. |
| **böse** | evil, bad | Lass sie doch, sie sind nicht böse. |
| **Geist,** der, -er | spirit, ghost | Glaubst du an Geister? |
| **Süßigkeit,** die, -en | sweet(s) | Süßigkeiten sind schlecht für die Zähne. |
| **Liebespaar,** das, -e | lovers | Sie sind ein schönes Liebespaar. |
| *Liebste, der/die, -n* | sweetheart | Heute gehe ich mit meinem Liebsten essen. |

| | | |
|---|---|---|
| **amerik<u>a</u>nisch** | American | Halloween ist doch ein amerikanisches Fest. |
| *Valentine, der, -s* | valentine | + Meinst du, er bekommt viele Valentines? |
| <u>e</u>her | more likely, rather | – Eher nicht. |
| **g<u>e</u>genseitig** | mutually, one another | + Wir können uns gegenseitig welche schicken. |
| **Überr<u>a</u>schung, die, -en** | surprise | – Das ist aber keine Überraschung mehr. |

## 2 Feste im Jahreslauf

| | | |
|---|---|---|
| *J<u>a</u>hreslauf, der, ˮ-e* | course of the year | Im Jahreslauf gibt es viele Feste. |
| 2 1 b **K<u>a</u>rneval, der, -e oder -s** | carnival | In Köln feiert man den Karneval. |
| **Tradit<u>io</u>n, die, -en** | tradition | Das ist eine alte Tradition. |
| *Rosenm<u>o</u>ntag, der, -e* | Shrove Monday | Am Rosenmontag geht in Köln niemand zur Arbeit. |
| **Kost<u>ü</u>m, das, -e** | costume | Alle Leute tragen ein Kostüm. |
| *alem<u>a</u>nnische F<u>a</u>snacht, die, \** | Shrove Tuesday | Heute feiern wir die alemannische Fasnacht. |
| **tradition<u>e</u>ll** | traditional | Unsere Familie ist sehr traditionell. |

| | | |
|---|---|---|
| **Maske,** die, -n | mask | Wer bist du? Nimm die Maske ab. |
| *Osterhase, der, -n* | Easter bunny | Am Sonntag kommt der Osterhase. |
| **verstecken** | (to) hide | Er versteckt Süßigkeiten und bunte Eier. |
| **Osterei,** das, -er | Easter egg | Die bunten Eier nennt man Ostereier. |
| *Eierklopfen, das, *\* | egg-pecking | Ich habe das Eierklopfen gewonnen. |
| **Sommerfest,** das, -e | summer party | Unsere Firma feiert jedes Jahr ein Sommerfest. |
| **je** | according to | Je nach Wetter feiern wir drinnen oder draußen. |
| **Straßenfest,** das, -e | street festival | + Kommst du mit aufs Straßenfest? |
| *Erntefest, das, -e* | harvest festival | – Nein, wir fahren aufs Land zum Erntefest. |
| **Tanz,** der, "-e | dancing | Da gibt es Tanz und gutes Essen. |
| **Ernte,** die, -n | harvest | Dieses Jahr war die Ernte sehr gut. |
| *Almabtrieb, der, -e* | *ceremonial driving of cattle from the mountain pastures into the valley in autumn* | Beim Almabtrieb laufen die Kühe durch die Straßen. |
| **Heilige Abend,** der, \* | Christmas Eve | Am Heiligen Abend ist die Familie zusammen. |

| | | |
|---|---|---|
| **Weihnachtsmann,** der, "-er | Santa Claus, Kris Kringle | + Glaubst du noch an den Weihnachtsmann? |
| **Christkind,** das, * | Christ Child | – Nein, zu uns kommt das Christkind. |
| **Jahresende,** das, * | end of the year | Wir fahren am Jahresende oft weg. |
| **Silvester,** das, * | New Year's Eve | Silvester machen wir eine große Party. |
| **Feuerwerk,** das, -e | fireworks | Natürlich gibt es ein schönes Feuerwerk. |
| **anstoßen,** angestoßen | (to) toast | Um null Uhr stoßen wir an. |
| **Sekt,** der, -e | sparkling wine | Wir trinken viel Sekt. |
| *Prosit Neujahr!* | To the New Year! | Es ist 24 Uhr! Prosit Neujahr! |
| **Frohes neues Jahr!** | Happy New Year! | Frohes neues Jahr! – Danke, gleichfalls! |
| 2 **3** *Grillparty, die, -s* | barbecue | Wir feiern eine Grillparty im Garten. |
| 2 **5** a *Merkvers, der, -e* | mnemonic verse | Merkverse helfen beim Lernen. |
| **Vers,** der, -e | verse | Wie geht der Vers denn? |
| **merken** | (to) remember | Ich weiß nicht, ich kann mir keine Verse merken. |
| *Rhythmus, der, Pl.: Rhythmen* | rhythm | Das Lied hat einen tollen Rhythmus. |

| | | |
|---|---|---|
| **Reim,** *der, -e* | rhyme | „Ich bin klein, mein Herz ist rein". Den Reim kennt jeder, oder? |
| **fit** | fit | Er ist fit. Er läuft jeden Tag 15 km. |
| 2 5 b **lösen** | (to) solve, figure out | Kannst du diese Aufgabe lösen? |

**3 Feste und Geschenke**

| | | |
|---|---|---|
| 3 1 a **Gutschein,** der, -e | voucher | Ich habe noch einen Kino-Gutschein. Ich kann dich einladen. |
| **Kuss,** der, "-e | kiss | Tschüss und viele Küsse. |
| **Socke,** die, -n | sock | Wo ist die zweite Socke? |
| **Mülleimer,** der, - | trash can | Der Mülleimer ist voll! |
| **Badeschaum,** der, "-e | bubble bath | Frauen schenken gern Badeschaum. |
| **Gummibaum,** *der, "-e* | rubber tree | Ich freue mich über einen Gummibaum. |
| 3 2 *kränken* | (to) hurt someone's feelings | Ich bin traurig. Er hat mich gekränkt. |
| **Tuch,** das, "-er | cloth, scarf, shawl | Sie trägt ein grünes Tuch. |
| *Sparbuch, das, "-er* | bank book | Hast du noch Geld auf dem Sparbuch? |

| | | |
|---|---|---|
| **Kn<u>u</u>tschfleck,** *der, -en* | hickey, love bite | Du hast ja einen Knutschfleck! Wer war das? |
| **B<u>u</u>merang,** *der, -s oder -e* | boomerang | Der Bumerang kommt wieder zurück. |
| **Matr<u>a</u>tze,** *die, -n* | mattress | Sie hat eine neue Matratze für ihr Bett. |
| 3 3 a **Übertr<u>ei</u>bung,** die, -en | exaggeration | |
| **Id<u>ee</u>,** die, -n | idea | Was können wir tun? Habt ihr eine Idee? |
| 3 3 b ***St<u>i</u>lle P<u>o</u>st,*** *die, \** | Chinese whispers | Wollen wir Stille Post spielen? |

## 4 Verben mit Dativ- und Akkusativergänzung

| | | |
|---|---|---|
| 4 1 **Parf<u>ü</u>m,** das, -s | perfume | Er hat ihr Parfüm noch in der Nase. |
| 4 2 ***T<u>a</u>schenmesser,*** *das, -* | pocket knife, jack-knife | Zum Camping nehme ich mein Taschenmesser mit. |
| 4 3 a **w<u>ei</u>tergehen,** w<u>ei</u>ter-gegangen | (to) continue | Und dann? Wie geht die Geschichte weiter? |
| **ignor<u>ie</u>ren** | (to) ignore | Dieses Problem kann man nicht ignorieren. |
| **L<u>o</u>tto,** *das, \** | lottery | Hast du wirklich im Lotto gewonnen? |
| **L<u>o</u>ttoschein,** *der, -e* | lottery ticket | Ja, hier ist mein Lottoschein. |

**4 4** **Videospiel,** das, -e — video game — Die Kinder spielen zu viele Videospiele.

## 5 Bedingungen und Folgen: Nebensätze mit *wenn*

**5 1** **Brand,** der, "-e — fire — Der Brand ist eine Katastrophe für uns. Das Haus kann man nicht mehr retten.

**echt** (2) — real — Ist der Goldring echt?

**romantisch** — romantic — Küsse im Sommerregen sind romantisch.

**elektrisch** — electric — Hast du keinen elektrischen Rasierer?

**trocken** — dry — Doch, ich rasiere mich immer trocken.

**Gardine,** die, -n — curtain — Mach die Gardinen zu! Man sieht ja alles.

**paar** — few — Hast du ein paar Briefmarken für mich?

**Eimer,** der, - — pail, bucket — Der Eimer ist voll Wasser.

**5 3** **gelaunt** (sein) — (to be) in a … mood — Heute bin ich schlecht gelaunt.

**5 4** **Laune,** die, -n — mood — Du hast doch nie schlechte Laune.

## 6 Ostern – ein Fest in vielen Ländern

**6 1 a** **Ausflug,** der, "-e — outing

Wir machen am Sonntag einen Ausflug.

**Picknick,** das, -s oder -e — picnic

Wir machen ein Picknick im Park.

**Ostersonntag,** der, -e — Easter Sunday

Ostersonntag suchen wir Ostereier.

*zusammenschlagen,* *zusammengeschlagen* — (to) clap/hit together

Sie schlagen die Hände zusammen.

**färben** — (to) colour, dye

Hast du die Eier schon gefärbt?

**bemalen** — (to) paint

Wir haben die Eier mit Wasserfarben bemalt.

*Osterrute,* *die, -n* — Easter (birch-)rod

Die jungen Männer haben Osterruten.

**braten,** gebraten — (to) fry

Magst du gebratene Eier?

**Lamm,** das, "-er — lamb

Bei uns isst man Lamm zu Ostern.

**heilig** — holy

In der Kirche feiert man die heilige Messe.

*Prozession,* *die, -en* — procession

Es gibt eine Prozession durch das Dorf.

**prächtig** — splendid

Die Kostüme sehen prächtig aus.

**Figur,** die, -en — statue, figure

+ Ist das ein Mensch?
− Nein, nur eine Figur.

| | | | |
|---|---|---|---|
| Ü4 a | **schrecklich** | terrible | + Wie war die Party?<br>– Schrecklich, der totale Horror. |
| | **Laden,** der, "- *(hier: Blumenladen)* | shop | Wann macht der Laden auf? |
| | **cool** | cool | Deine Sonnenbrille ist echt cool. |
| Ü5 a | *ursprünglich* | originally | Meine Familie kommt ursprünglich aus Polen. |
| | *zurückwandern* | (to) remigrate | Meine Eltern sind wieder nach Polen zurückgewandert. |
| Ü6 a | **Vorbereitung,** die, -en | preparation | Wie ist die Vorbereitung auf die Prüfung gelaufen? |
| | **Gänsebraten,** der, - | roast goose | Am ersten Weihnachtstag gibt es bei uns Gänsebraten. |
| Ü8 | **Fotograf/in,** der/die, -en/-nen | photographer | Kommt ein Fotograf zu eurer Hochzeit? |
| Ü9 a | **Paket,** das, -e | package, parcel | Du hast Post. Ein großes Paket. |
| Ü12 a | *Mutti, die, -s* | mommy | Sagst du Mutti oder Mama zu deiner Mutter? |
| Ü13 | **unbekannt** ≠ bekannt | unknown | Das ist ein ganz unbekanntes Tier. |
| | **Schöne,** der/die, -n | (My) beauty! | + Guten Tag, meine Schöne!<br>– Hallo, Schatz. |

| **Angst,** die, "-e | fear | Sie hat Angst vor Spinnen. |
| *Wikinger/in,* der/die, -/-nen | Viking | Die Wikinger waren immer auf Seefahrt. |

# 11 Mit allen Sinnen

| **Sinn,** der, -e | sense | Manchmal hat man einen siebten Sinn. |
| *Textgrafik,* die, -en | text table/diagram | Diese Textgrafik soll man ergänzen. |
| **zusammenfassen** | (to) summarize | Könnt ihr den Text zusammenfassen? |
| **dehnen** | (to) stretch | Beim Yoga dehnt man den ganzen Körper. |

## 1 Gesichter lesen

| **Gesicht,** das, -er | face | Der alte Mann hat ein ernstes Gesicht. |
| *Antipathie,* die, -n | antipathy, dislike | Er hat eine Antipathie gegen mich. |
| **Aggression,** die, -en | aggression | Aggressionen machen mir Angst. |

| | | |
|---|---|---|
| **Freundlichkeit,** die, -en | friendliness | Die Freundlichkeit der Leute hier ist angenehm. |
| **nervös** | nervous | Der Stress bei der Arbeit macht mich nervös. |
| **ärgerlich** | annoying, annoyed | Er ist ärgerlich, weil sie immer zu spät ist. |
| **entspannt** | relaxed | Im Urlaub bin ich ganz entspannt. |
| *Gesichtsausdruck, der, "-e* | facial expression | Du hast so einen ernsten Gesichtsausdruck. Ist was? |
| **1** **Emotion,** die, -en | emotion | Er zeigt keine Emotion. |
| **erschrecken** (sich) | (to) startle | Musst du mich so erschrecken? |
| **Wut,** die, * | anger | Ich habe eine große Wut auf meinen Chef. |
| **Ärger,** der, * | annoyance, bad feelings | Wir haben oft Ärger im Büro. |
| **Ekel,** der, * | disgust | Den Ekel vor Mäusen verstehe ich nicht. |
| **eklig** | disgusting | Einige Leute finden Spinnen eklig. |
| **ekeln** (sich) (vor etw.) | (to) be disgusted by | Ich ekle mich nie vor Tieren. |
| **Trauer,** die, * | mourning, grief | Nach dem Unglück war die Trauer groß. |
| **trauern** (um etw.) | (to) mourn, grieve | Er trauert um seine Mutter. |

| | | |
|---|---|---|
| **1 2 b igitt** | yuck! | Igitt, das Essen ist ja voller Haare! |
| **stinksauer** | pissed-off | Ich bin stinksauer auf den Koch. |
| *Riesenwut, die,* * | rage | Ich habe sogar eine Riesenwut. |
| **Wahnsinn!** | Crazy! | Ich habe im Lotto gewonnen. Wahnsinn! |
| **Klasse!** | Great! | Klasse! Das hast du gut gemacht! |
| **1 3 positiv** | positive | Freude ist eine positive Emotion. |
| **negativ** | negative | Wut ist nicht immer negativ. |
| **fantastisch** | fantastic | Das ist ja fantastisch! |
| **Was ist los?** | What's the matter? | Was ist los? Was hast du? |
| **sauer** | angry | Ich bin sauer auf dich. |
| **1 4 dazu:** etw. dazu sagen | on that topic, in addition | Also, dazu möchte ich etwas Wichtiges sagen. |

**2❶** | **Ẹrbse,** die, -n | pea | Isst du gern Erbsen? |
| *emotional* | emotional | Sie reagiert oft sehr emotional. |
| *mịtreißend* | moving | Das Konzert gestern war mitreißend. |
| *nǟher kommen (sich)* | (to) (be-)come closer | Später sind wir uns näher gekommen. |
| **Drẹharbeiten,** die, *Pl.* | filming | Die Dreharbeiten für den Film waren chaotisch. |
| *Tragikomödie, die, -n* | tragicomedy | Der Film ist eine Tragikomödie. |
| *sympạthisch* | likeable | Ich finde den Schauspieler sympathisch. |
| *humọrvoll* | humorous | Er ist humorvoll. Man kann mit ihm lachen. |
| **Wẹise,** die, -n | fashion, way | Diese Art und Weise gefällt mir nicht. |
| **Blịndheit,** die, * | blindness | Er kann seine Blindheit nicht akzeptieren. |
| **wịdmen** | (to) dedicate, to be devoted to | Er widmet sich ganz seiner Kunst. |
| *Theạterregisseur/in, der/die, -e/-nen* | theatre director | Sie ist Theaterregisseurin am Nationaltheater. |

| | | |
|---|---|---|
| **Autounfall,** der, "-e | car accident | Er hatte einen Autounfall. Das Auto ist kaputt. |
| **schuld sein,** war, gewesen | (to) be guilty | Der andere Fahrer war schuld an dem Unfall. |
| **blind** | blind | Sie sieht nichts, sie ist blind. |
| **verzweifelt** | in despair | Seine Frau ist gestorben. Er ist verzweifelt. |
| **Regisseur/in,** der/die, -e/-nen | director | Almodóvar ist ein spanischer Regisseur. |
| **Nagel,** der, "- *(etw. an den Nagel hängen)* | nail, (to) leave something behind | Ich habe genug! Ich hänge meinen Beruf an den Nagel. |
| **trennen** (sich von jdm) | (to) separate | Er will sich von seiner Frau trennen. |
| *todkrank* | deathly ill | Sie stirbt bald. Sie ist todkrank. |
| **zurechtfinden** (sich), zurechtgefunden | (to) find one's way, cope | Findest du dich in der neuen Stadt schon zurecht? |
| **Handlung,** die, -en | plot | Ich will die Handlung des Films nicht wissen. |
| **Blinde,** der/die, -n | blind person | Der Blinde hat einen Blindenhund. |
| **gefährlich** | dangerous | Der Hund ist nicht gefährlich. |

| | | |
|---|---|---|
| *Komik, die,* * | humour, comic | + Ich verstehe die Komik der Situation nicht. |
| *Humor, der,* * | humour | − Ach, du hast keinen Humor! |
| **Schicksal,** das, -e | fate | Ich habe ihn getroffen. Es war Schicksal. |
| *zueinander finden, gefunden* | (to) find common ground | Wir haben sofort zueinander gefunden. |
| **Stein,** der, -e | stone, rock | Es gibt Menschen, die sammeln Steine. |
| **Orientierung,** die, * | orientation | Ich habe keine Orientierung. Wo sind wir? |
| **im Dunkeln** | in the dark | Im Dunkeln kann man gar nichts sehen. |
| **Trick,** der, -s | trick | Pass auf dein Geld auf, das ist ein billiger Trick. |
| **2 4 Actionfilm,** der, -e | action film | Magst du Actionfilme? |
| **Thriller,** der, - | thriller | Ich sehe mir gern Thriller an. |
| **Komödie,** die, -n | comedy | Abends im Bett gucke ich nur Komödien. |
| **Hauptrolle,** die, -n | lead role | Wer spielt in dem Film die Hauptrolle? |
| **2 5 a Leistung,** die, -en | performance | Seine Chefin ist mit seiner Leistung zufrieden. |
| *Filmfestival, das, -s* | film festival | Sie fahren zum Filmfestival nach Cannes. |

| | | |
|---|---|---|
| *Shooting Star,* der, -s | breakthrough star | Er ist ein Shooting Star in Hollywood. |
| *Verfilmung,* die, -en | movie adaptation | Das ist die Verfilmung seines Lebens. |
| *Schauspielschule,* die, -n | acting school | Er ist auf die Schauspielschule gegangen. |
| **Filmpreis,** der, -e | film prize | Er will den Filmpreis gewinnen. |
| **Nebenrolle,** die, -n | supporting role | Aber er spielt nur eine kleine Nebenrolle. |
| **Magazin,** das, -e | magazine | Er gibt ein Interview für ein Magazin. |
| *Blindentrainer/in,* der/die, -/-nen | blind trainer | Der Blinde arbeitet mit einem Blindentrainer. |

## 3 Strategien und Strukturen

| | | |
|---|---|---|
| **Strategie,** die, -n | strategy | Was jetzt? Ich brauche eine klare Strategie. |
| 3 **1** a **Kapitän/in,** der/die, -e/-nen | captain | Der Kapitän liebt das Meer. |
| **Passagier/in,** der/die, -e/-nen | passenger | Auf dem Schiff sind über 200 Passagiere. |
| **orientieren** (sich) | (to) orientate (oneself) | Er kann sich überall schnell orientieren. |

| **3 1 b Gedächtnis,** das, -se | memory | Er vergisst alles. Er hat ein schlechtes Gedächtnis. |
| **3 4** *Morgengymnastik, die,* * | morning exercise | Ich mache jeden Tag Morgengymnastik. |
| **rechte** | right | Ich dehne zuerst das rechte Bein. |
| **linke** | left | Dann hebe ich den linken Arm. |
| **3 6 Dame,** die, -n | lady | Ich kenne diese Dame nicht. |
| *Horror, der,* * | horror | Schrecklich. Das ist der Horror. |
| **3 8 Bewegung,** die, -en | movement | Ich brauche mehr Bewegung. Ich fahre jetzt Fahrrad. |
| **3 9 Zeichnung,** die, -en | drawing | Die Zeichnung ist in schwarz/weiß. |
| **setzen** | (to) set, put | Sie setzt das Kind auf den Stuhl. |

## 4 Anette Stramel, Deutschlehrerin

| **4 1** *Brailleschrift, die,* * | Braille | Brailleschrift = Blindenschrift |
| **Schrift,** die, -en | writing, script | Ich kann deine Schrift nicht lesen. |
| **4 2 a Zeile,** die, -n | line | Diese Zeilen verstehe ich nicht. |
| **Lehrbuch,** das, "-er | textbook | Das Lehrbuch hat 164 Seiten. |

| | | |
|---|---|---|
| *Mobilitätshilfe, die, -n* | mobility aid | Ein Blindenhund ist eine Mobilitätshilfe. |
| 4 2 b *Privatunterricht, der, \** | private lessons | Er gibt zu Hause Privatunterricht. |
| **Anrufer/in,** der/die, -/-nen | caller | Wer ist am Telefon? Ich kenne den Anrufer nicht. |
| **Hörtext,** der, -e | listening text | Der Hörtext ist auf der CD im Buch. |
| **Arbeitsmittel,** das, - | work material | Karteikarten sind ein gutes Arbeitsmittel. |
| *sehbehindert* | visually impaired | Helfen Sie mir bitte über die Straße? Ich bin sehbehindert. |
| **Migrant/in,** der/die, -en/-nen | migrant, immigrant | In Deutschland leben viele Migranten. |
| **gleichzeitig** | at the same time | Ich kann nicht gleichzeitig Musik hören und lesen. |
| *Blindenschrift, die, \** | Braille | Kannst du Blindenschrift? |
| **Punkt,** der, -e | period | Am Ende des Satzes steht ein Punkt. |
| **mathematisch** | mathematical(ly) | Ich kann nicht gut mathematisch denken. |
| **Note,** die, -n | note, musical score | Kannst du nach Noten singen? |
| **Lernende,** der/die, -n | learner | Die Lernenden haben täglich Unterricht. |
| **Alltag,** der, \* | everyday life | Mein Alltag ist viel zu stressig. |

| | | |
|---|---|---|
| *Langstock, der, "-e* | white cane | Der Blinde findet den Weg mit dem Langstock. |
| **Arbeitsblatt,** das, "-er | worksheet | Hast du die Arbeitsblätter kopiert? |
| **Rente,** die, -n: in Rente sein | retirement | Mein Vater arbeitet schon lange nicht mehr. Er ist in Rente. |
| *Amtssprache, die, -n* | official language | In Tunesien ist Französisch die Amtssprache. |
| 4 4 a **übertragen,** übertragen | (to) transfer | Ich übertrage die Daten in mein Adressbuch. |
| **Internetanschluss,** der, "-e | internet connection/access | Sie hat noch keinen Internetanschluss in der neuen Wohnung. |
| 4 5 **nett** | nice | Die Leute im Deutschkurs sind sehr nett. |
| **Teilnehmer/in,** der/die, -/-nen | participant | Wir sind zwölf Teilnehmer und Teilnehmerinnen im Kurs. |
| 4 6 *Redewendung, die, -en* | figure of speech | Wir lernen nützliche Redewendungen. |
| **Licht,** das, -er | light | Es ist so dunkel. Mach doch mal Licht an. |
| **Tunnel,** der, - | tunnel | Jetzt fahren wir durch einen Tunnel. |
| **kritisieren** | (to) criticize | Ich hasse ihn. Immer kritisiert er mich! |
| *Personalchef/in, der/die, -s/-nen* | personnel director | Unsere Personalchefin ist sehr kühl. |

| | | |
|---|---|---|
| **Personal,** das, * | personnel, staff | Alle Personalchefs kritisieren ihr Personal. |
| **zu viel** | too much, too many | Unser Chef kritisiert zu viel! |
| *Stecknadel, die, -n* | pin | Mach das Tuch doch mit einer Stecknadel fest. |
| *Marketingabteilung, die, -en* | marketing department | Sie arbeitet in der Marketingabteilung. |
| **Marketing,** das, * | marketing | Das Marketing ist wichtig für eine Firma. |
| **ein bisschen** | a bit (of) | Nimmst du ein bisschen Milch in den Kaffee? |
| **optimistisch** | optimistic(ally) | Ich gucke optimistisch in die Zukunft. |
| **Entwicklung,** die, -en | development | Ja, es gibt positive Entwicklungen. |

### Übungen

| | | |
|---|---|---|
| Ü **1** b **Autor/in,** der/die, -en/-nen | author | + Kennst du die Autorin des Buches? |
| **Ehefrau,** die, -en | wife | – Oh ja, sie ist meine Ehefrau. |
| *theoretisch* | theoretical | + Den theoretischen Teil versteht aber niemand. |
| *Bestseller, der, -* | best seller | – Das Buch ist trotzdem ein Bestseller. |

| | | |
|---|---|---|
| **Amerikaner/in** (2), der/die, -/-nen | American | Ist deine Frau Amerikanerin? |
| **Berufsleben,** das, * | professional life, work life | Sie hat ein anstrengendes Berufsleben. |
| **ängstlich** | afraid, scared | Sei nicht so ängstlich. Der Hund ist doch lieb. |
| Ü1 c **Leser/in,** der/die, -/-nen | reader | Die Leser des Buches sind begeistert. |
| **sorgen** (sich) | (to) worry | Sorge dich nicht. Peter ist bald gesund. |
| Ü2 *jenseits* | on the other side | Hier sind wir jenseits des Stadtlärms. |
| **Stille,** die, * | quiet | Herrlich, diese Stille in der Natur. |
| *Klarinette, die, -n* | clarinet | Sie spielt sehr gut Klarinette. |
| **Talent,** das, -e | talent | Ja, sie hat wirklich Talent. |
| Ü2 a *Aufnahmeprüfung, die, -en* | entry exam | Sicher besteht sie die Aufnahmeprüfung. |
| *gehörlos* | deaf | Ihre Eltern können die Musik nicht hören. Sie sind gehörlos. |
| **Konzertsaal,** der, *Pl.:* Konzertsäle | concert hall | Der Konzertsaal ist voll. |
| Ü4 a **worum** | about what | Worüber redet ihr? Worum geht es? |

| | | |
|---|---|---|
| **klạssisch** | classical | Wir sprechen über klassische Musik. |
| **verlẹtzen** | (to) hurt | Er ist verletzt. Er muss ins Krankenhaus. |
| *Premie̱re, die, -n* | premiere, opening | Wann ist die Premiere von „Hamlet"? |
| **Tẹppich,** der, -e | carpet | Er geht über den roten Teppich. |
| Ü5 *Fịlmset, das, -s* | film set | Der Regisseur steht am Filmset. |
| Ü6 *Regie̱assistent/in, der/die, -en/-nen* | director's assistant | Die Regieassistentin kocht Kaffee für alle. |
| Ü7 **Bestẹck,** das, -e | cutlery | Ich habe ein neues Besteck. Die Gabeln sind hässlich. |
| Ü8 **Erfịnder/in,** der/die, -/-nen | inventor | Wer ist der Erfinder der Kaffeemaschine? |
| *Mọrsecode, der, -s* | Morse code | + Verstehst du Morsecode? |
| **Strịch,** der, -e | line, dash | – Nein, für mich sind das nur Striche. |

| | | |
|---|---|---|
| **wozu** | for what | Wozu braucht man dieses Ding? |
| **Zweck,** der, -e | purpose, aim, use | Es hat keinen Zweck. Es ist Kunst. |
| **um zu** | in order to | Er arbeitet, um Geld zu haben. |
| *Vorgang, der, ¨-e* | process | Das ist ein logischer Vorgang. |

## 1 Erfindungen aus D-A-CH

**1 1** 

| | | |
|---|---|---|
| **erfinden,** erfunden | (to) invent | Wer hat wann das Rad erfunden? |
| **Jahreszahl,** die, -en | date | Die Jahreszahl kann ich dir auch nicht sagen. |
| **Aspirin,** das, * | Aspirin | Mein Kopf tut weh! Hast du ein Aspirin? |
| **Dieselmotor,** der, -en | diesel motor | Das ist ein altes Auto mit Dieselmotor. |
| **Kaffeefilter,** der, - | coffee filter | Die Kaffeefilter sind schon wieder alle. |
| *Buchdruck, der, * | printing | Gutenberg hat den Buchdruck erfunden. |

| | | |
|---|---|---|
| *V<u>a</u>kuum, das,* * | vacuum | + Was ist ein Vakuum?<br>– Ein luftleerer Raum. |
| **T<u>ee</u>beutel,** der, - | teabag | Er nimmt zwei Teebeutel. Der Tee wird stark. |
| **Z<u>a</u>hnpasta,** die, *Pl.:* Z<u>a</u>hnpasten | toothpaste | Ich packe die Zahnpasta ins Waschzeug. |
| *MP<u>3</u>-Form<u>a</u>t, das, -e* | MP3 format | Die Datei ist im MP3-Format. |
| **Kl<u>e</u>ttverschluss,** der, "-e | zipper | Die Schuhe haben Klettverschlüsse. |
| **Sch<u>i</u>ffsschraube,** die, -n | ship's propeller | Das Schiff hat eine große Schiffsschraube. |
| **Z<u>ei</u>tpunkt,** der, -e | moment | Du kommst zum richtigen Zeitpunkt. |
| **1** **2** **Z<u>a</u>hn,** der, "-e | tooth | Ich möchte weiße Zähne haben. |
| **Zähne putzen** | (to) brush one's teeth | Ab ins Bad – Zähne putzen! |
| **1** **3** **b** *Ch<u>e</u>miker/in, der/die, -/-nen* | chemist | Sie hat lange als Chemikerin gearbeitet. |
| **irgendw<u>a</u>nn** | sometime, anytime | Aber irgendwann hatte sie keine Lust mehr. |
| **produz<u>ie</u>ren** | (to) produce | Deutschland produziert viele Autos. |
| *H<u>e</u>rzproblem, das, -e* | heart problem | Viele alte Leute haben Herzprobleme. |

| *Medienrevolution, die, *** | media revolution | Das Internet war eine Medienrevolution. |
| **Produktion,** die, -en | production | In China ist die Produktion billiger als hier. |
| **Schweizer/in,** der/die, -/-nen | Swiss | Er ist Schweizer. Er kommt aus Genf. |
| **faul** | lazy | An die Arbeit! Sei nicht so faul! |
| *zubinden, zugebunden* | (to) tie | Er bindet sich die Schuhe zu. |
| *Physiker/in, der/die, -/-nen* | physicist | Er ist Physiker von Beruf. |
| **bewegen** | (to) move | Beweg dich nicht! Ich mache ein Foto. |
| **flach** | flat | Die Landschaft im Norden ist flach. |
| *Technologie, die, -n* | technology | Die moderne Technologie fasziniert mich. |
| *Forschungslabor, das, -e* | research laboratory | Die Chemikerin arbeitet im Forschungslabor. |
| *Chip, der, -s* | chip | Hast du einen Chip für den Einkaufswagen? |
| *Seefahrt, die, -en* | seafaring | Die Wikinger waren immer auf Seefahrt. |

**2  Erfindungen – wozu?**

**2❶**

| *Kühlung, die,* * | cooling | Der Motor ist heiß. Die Kühlung geht nicht. |
| **möglich** (machen) | possible | Sein Vater macht ihm das Studium möglich. |
| **entwickeln** | (to) develop | Die Kinder entwickeln sich schnell. |
| **Fließband,** *das,* "-er | conveyor belt, assembly line | Viele Arbeiterinnen stehen täglich am Fließband. |
| *Patent, das, -e* | patent | Er hat ein Patent angemeldet. |
| **nötig** (sein) | necessary | + Soll ich dir helfen?<br>– Nein, das ist nicht nötig. |
| *Brauerei (Münchner),* *die, -en* | brewery | In dieser Brauerei macht man gutes Bier. |
| **kühl** | cool | Kühl schmeckt das Dessert am besten. |
| **haltbar** | keeps fresh, good until | Dieser Käse ist mehrere Wochen haltbar. |
| **transportieren** | (to) transport | Wie transportierst du den großen Tisch? |
| **Professor/in,** *der/die,* -en/-nen | professor | Er ist Professor an der Universität. |
| **technisch** | technical | Gibt es ein technisches Problem? |
| *Kühlmaschine, die, -n* | refrigerating machine | Ja, die Kühlmaschine ist kaputt. |

| | | |
|---|---|---|
| *Serienproduktion, die, -en* | mass production | Jetzt geht das Medikament in Serienproduktion. |
| *Automobil, das, -e* | automobile, car | Niemand sagt Automobil. Man sagt Auto. |
| **lebendig** | alive | Wir führen die Tradition weiter und so bleibt sie lebendig. |
| **2 2 bearbeiten** | (to) work on, edit, develop | Er muss den Text noch bearbeiten. |
| **2 3 MP3-Player,** der, - | MP3 player | Wer hat den MP3-Player erfunden? |
| *Patentamt, das, "-er* | patent office | Frag doch beim Patentamt. |
| **2 4 c Filtertüte,** die, -n | filter | Ich brauche eine Filtertüte, um Kaffee zu machen. |
| **2 5 Absicht,** die, -en | intention | Entschuldige, das war keine Absicht. |
| **2 7 b gleich** | at once | Es ist spät. Ich muss gleich gehen. |
| **2 8 Tatsache,** die, -n | fact | Die Erde ist rund. Das ist eine Tatsache. |

### 3 Schokolade

| | | |
|---|---|---|
| **3 1 *Kakaobohne, die, -n*** | cocoa bean | Diese Kakaobohnen kommen aus Nicaragua. |
| **Kakao,** der, * | cocoa | Der Kakao schmeckt sehr gut. |

| | | |
|---|---|---|
| **importieren** | (to) import | Deutschland importiert Kaffee und Kakao. |
| **Medizin,** die, * | medicine | Nimm diese Medizin, dann geht es dir besser. |
| *Trinkschokolade, die, -n* | hot chocolate | Eine heiße Trinkschokolade mit Sahne, bitte. |
| **bitter** | bitter | Igitt, die schmeckt ja bitter! |
| **ändern** | (to) change | Ich kann die Situation leider nicht ändern. |
| **so genannte** | so-called | Das ist eine so genannte Conche. |
| *Conche, die, -s (Abk. Conchier-maschine)* | conche *(chocolate mixing machine)* | + Wie heißt die Maschine?<br>– Conche. |
| **weich** | soft | Es ist so warm. Die Schokolade wird weich. |
| **Prozess,** der, -e | process | Diese Entwicklung war ein langer Prozess. |
| **verbessern** | (to) improve | Es ist nicht perfekt, man kann es verbessern. |
| *Produktionsmethode, die, -n* | production method | Diese Produktionsmethode ist sehr modern. |
| **formen** | (to) form | Man kann verschiedene Figuren formen. |
| **Herstellung,** die, * | production | Die Herstellung von Autos ist komplex. |

| | | |
|---|---|---|
| *AG, die, -s (Abk.: Aktiengesellschaft, die, -en)* | stock company, Ltd. | Er hat eine AG gegründet. |
| **Mitarbeiter/in,** der/die, -/-nen | co-worker | Er hat jetzt 7500 Mitarbeiter. |
| *Umsatz, der, "-e* | turnover | Die Firma macht viel Umsatz. |
| **Milliarde,** die, -n | billion, milliard | Er hat schon eine Milliarde verdient. |
| **Produzent/in,** der/die, -en/-nen | producer | Der Produzent des Films ist bekannt. |
| **Kräuter,** die, *Pl.* | herbs | Er kocht immer mit frischen Kräutern. |
| 3 6 **abfüllen** | (to) fill, to bottle | Soll ich dir ein Glas Marmelade abfüllen? |
| **zum Schluss** | at the end | In dem Film sterben zum Schluss alle. |
| 3 7 a **herstellen** | (to) produce | Was stellt diese Fabrik her? |

#### 4 Die süße Seite Österreichs

| | | |
|---|---|---|
| 4 1 **überfliegen,** überflogen | (to) scan | Ich habe die Zeitung nur schnell überflogen. |
| *Sachertorte, die, -n* | sacher torte | Möchtest du ein Stück Sachertorte zum Tee? |

| | | |
|---|---|---|
| **Geheimnis,** das, -se | secret | Sag es niemandem. Es ist ein Geheimnis. |
| **wohl** | well | + Du magst wohl keine Sachertorte? |
| **streng** | strict | – Doch, aber ich habe einen strengen Ernährungsplan. |
| *hüten* | (to) take care of | Wer hütet heute Abend die Kinder? |
| **überzeugen** | (to) convince | Das Argument überzeugt mich nicht. |
| *einzigartig* | unique | Dieses Bild von Picasso ist einzigartig. |
| **Geschmack,** der, ¨-er | taste | Der Geschmack ist mir zu bitter. |
| **überraschen** | (to) surprise | Was machst du hier? Ich wollte dich überraschen. |
| **Geschäftspartner/in,** der/die, -/-nen | business partner | Er trifft seinen Geschäftspartner im Büro. |
| *exklusiv* | exclusive | Dieses Angebot ist exklusiv für Sie! |
| **jährlich** | annually | Wie viel verdient er jährlich? |
| *von Hand* | by hand | Diese Produkte sind von Hand hergestellt. |
| *glacieren* | (to) glaze | Sie glaciert den Kuchen. |

| | | |
|---|---|---|
| *Rohstoff, der, -e* | raw material | Bald gibt es auf der Erde zu wenig Rohstoffe. |
| **verarbeiten** | (to) process | Wir verarbeiten nur die besten Rohstoffe. |
| **Tonne,** die, -n | metric ton | Eine Tonne sind tausend Kilo. |
| *Marillenmarmelade, die, -n* | apricot jam | Die Marillenmarmelade schmeckt lecker. |
| *Naturprodukt, das, -e* | natural product | Wir verkaufen nur Naturprodukte. |
| *Konservierungsmittel, das, -* | preservative | Wir benutzen keine Konservierungsmittel. |
| *markenrechtlich geschützt* | registered brand names | Unsere Produkte sind markenrechtlich geschützt. |
| *optimal* | optimal | Wir bieten optimalen Service. |
| *Haltbarkeit, die, *** | shelf-life | Unsere Produkte haben eine lange Haltbarkeit. |
| *gewährleisten* | (to) guarantee | Wir können optimale Qualität gewährleisten. |
| **empfehlen,** empfohlen | (to) recommend | Ich empfehle Ihnen diesen Wein zum Essen. |
| *Lagerung, die, -en* | storage | Die richtige Lagerung des Weins ist wichtig. |
| *ungesüßt* | unsweetened | Ich trinke Kaffee lieber ungesüßt. |
| *Schlagobers, der, * (österr. für Schlagsahne)* | whipped cream | Aber süßen Schlagobers mag ich. |

| | | | |
|---|---|---|---|
| **4 2** | **Qualität,** die, -en | quality | Die Qualität dieses Weines ist sehr gut. |
| | **lagern** | (to) store | Ich habe ihn auch optimal gelagert. |
| **4 3** | *Konditor/in, der/die, -en/-nen* | pastry cook | Dieser Konditor macht leckere Kuchen. |
| **4 4** | **Ablauf,** der, "-e | schedule, process | Wir müssen den Ablauf für morgen planen. |
| **4 4** b | **nach und nach** | little by little | Nach und nach gewöhne ich mich an alles. |
| | **Teig,** der, -e | dough, batter | Der Teig für den Kuchen ist fertig. |
| | **rühren** | (to) stir | Er rührt nervös in seiner Tasse. |
| | *Eischnee, der, \** | whipped egg whites | Ist der Eischnee schon fest? |
| | *unterheben* | (to) fold in | Ja, du kannst ihn unter den Teig heben. |
| **4 5** | *Schokoladenfondue, das, -s* | chocolate fondue | Heute kommen Freunde zum Schokoladenfondue. |
| **4 5** a | **Jahreszeit,** die, -en | season | Das machen wir oft in der kalten Jahreszeit. |
| | **vorsichtig** | careful | Sei bitte vorsichtig mit den teuren Tellern. |
| | *erhitzen* | (to) heat | Man muss die Schokolade vorsichtig erhitzen. |
| | **verrühren** | (to) mix | Sie verrührt die Eier und das Mehl. |

| | | |
|---|---|---|
| **zugeben,** zugegeben | (to) add | Dann gibt sie die Butter zu. |
| **eintauchen** | (to) dip | Er taucht den Löffel in den Kaffee ein. |

**4 5 b** **Möhre,** die, -n | carrot | Isst du gern Möhren im Salat? |

| | | |
|---|---|---|
| **Mandel,** die, -n | almond | Ich mag süße Mandeln. |
| **enthalten,** enthalten | (to) contain | Dieser Wein enthält wenig Alkohol. |
| *Kirschwasser, das, -* | kirsch, cherry brandy | Enthält das Kirschwasser Alkohol? |
| *Kultobjekt, das, -e* | cult object | Diese Motorräder sind Kultobjekte. |

## Übungen

| | | |
|---|---|---|
| **Ü 1 a** **weggehen,** weggegangen | (to) go away | Er ist nicht mehr da. Er ist weggegangen. |
| **Ü 2** **Jugend,** die, * | youth | Mein Großvater musste schon in seiner Jugend arbeiten. |
| **forschen** | (to) research | Man forscht an einer neuen Technik. |
| **Ü 2 b** **veranstalten** | (to) stage, to hold | Unsere Stadt veranstaltet ein Festival. |
| **Forscher/in,** der/die, -/-nen | researcher | Dieser Forscher hat interessante Theorien entwickelt. |

| | | |
|---|---|---|
| *Studienreise, die, -n* | study trip | Auf der Studienreise habe ich viel gelernt. |
| **entdecken** | (to) discover | Ich habe in der Küche eine Maus entdeckt. |
| *Finale, das, -* | final (of a tournament) | Das Finale bei der WM war toll. |
| **Fachgebiet,** das, -e | subject | + Welches Fachgebiet studierst du? |
| *Geowissenschaften, die, Pl.* | geosciences | – Ich studiere Geowissenschaften. |
| *Raumwissenschaften, die, Pl.* | spatial science | Raumwissenschaften sind auch interessant. |
| *Mathematik, die, \** | mathematics | Reine Mathematik finde ich langweilig. |
| *Informatik, die, \** | computer science | + Studiert dein Bruder Informatik? |
| *Physik, die, \** | physics | – Nein, er studiert Physik. |
| **originell** | original | Mein Onkel macht immer originelle Witze. |
| Ü**3**b *Schulfreund/in, der/die, -e/-nen* | school friend | Lisa ist eine alte Schulfreundin von mir. |
| **Laptop,** der, -s | laptop | Er kann im Zug mit dem Laptop arbeiten. |
| Ü**5**a *erteilen* | (to) impart | Leider muss ich Ihnen eine Absage erteilen. |
| *Hauptsitz, der, -e* | headquarters | Der Hauptsitz der Firma ist in Hamburg. |

| **Dienststelle,** die, -n | place of work | Seine Dienststelle ist in Köln. |
| Ü**6** a verpassen | (to) miss | Sie hat den Zug leider verpasst. |
| Ü**9** a *Gummibärchen, das, -* | gummy bear | Kinder lieben Gummibärchen. |
| **Bär,** der, -en | bear | Bären sind gefährliche Tiere. |
| *Studie, die, -n* | study | Das Ergebnis der Studie überrascht mich. |
| Ü**9** b *bei Jung und Alt* | for young and old | Dieser Star ist bei Jung und Alt bekannt. |
| **Untersuchung,** die, -en | investigation, test | Das Ergebnis der Untersuchung ist negativ. |
| Ü**10** a **Masse,** die, -n | mass, dough, batter | Die Masse wird verrührt. |
| **Tortenform,** die, -en | cake form, baking form | Dann gibt man sie in die Tortenform. |
| **Backpulver,** das, * | baking powder | + Hast du das Backpulver vergessen? |
| **mischen** | (to) mix | – Nein, ich habe das Backpulver unter das Mehl gemischt. |
| **Eigelb,** das, -e, *aber:* drei Eigelb | egg yolk | Dann habe ich das Eigelb getrennt. |
| *Zutat, die, -en* | ingredient | Alle Zutaten werden verrührt. |
| **Puderzucker,** der, * | icing sugar | Am Schluss kommt Puderzucker drauf. |

| | | |
|---|---|---|
| **überz<u>ie</u>hen,** überz<u>o</u>gen | (to) cover | Der Kuchen wird mit Puderzucker überzogen. |
| **r<u>ei</u>ben,** ger<u>ie</u>ben | (to) grate | + Hast du die Möhre gerieben? |
| **hinz<u>u</u>geben,** hinz<u>u</u>gegeben | (to) add | – Ja, ich habe sie auch schon hinzugegeben. |

### 1 Berufsbild Hotelkaufmann/Hotelkauffrau

| | | |
|---|---|---|
| **Hot<u>e</u>lkaufmann/Hot<u>e</u>lkauffrau,** der/die, ⁻er, -en | hospitality manager | Er ist Hotelkaufmann von Beruf. |
| Ü❶ a **Hot<u>e</u>lmanager/in,** der/die, -/-nen | hotel manager | Er will später Hotelmanager werden. |
| 1❶ a **bed<u>ie</u>nen** | (to) serve | Der Kellner bedient die Gäste. |
| 1❷ **M<u>i</u>schung,** die, -en | mixture | Jung und alt. Das ist eine gute Mischung. |
| **Betr<u>ie</u>bswirtschaft,** die, * | commerce, business management | Er studiert Betriebswirtschaft. |

| | | |
|---|---|---|
| *Küchenführung, die, \** | running of a kitchen | Der Hotelkoch hat eine perfekte Küchenführung. |
| *Ernährungslehre, die, \** | nutrition, dietetics | Kennst du dich mit Ernährungslehre aus? |
| *Rezeption, die, -en* | reception, front desk | Ich arbeite im Hotel an der Rezeption. |
| *Zimmerservice, der, \** | room service | Unser Zimmerservice gefällt den Gästen. |
| *Betreuung, die, \** | care | Die Betreuung der Kinder ist kein Problem. |
| *Saison, die, -s* | season | In dieser Saison kommen viele Touristen. |
| *Atmosphäre, die, -n* | atmosphere | Die Atmosphäre ist freundlich. |
| *Gasthof, der, "-e* | inn, guesthouse | Wir haben 50 Betten im Gasthof. |
| *Stammgast, der, "-e* | regular customer | Viele Stammgäste kommen jeden Sommer wieder. |
| *wiederkommen, wiedergekommen* | (to) come again | Wir hoffen, dass Sie auch wiederkommen. |
| 1 3 a *Ausbildungsberuf, der, -e* | skilled trade/occupation | Friseur ist ein Ausbildungsberuf. |
| 1 4 *Arbeitstag, der, -e* | workday | Er hat einen langen Arbeitstag. |
| *zusammenstellen* | (to) put together | Stellen Sie sich Ihr Menü selbst zusammen! |
| *einteilen* | (to) budget | Ich muss mir mein Geld gut einteilen. |

|  | | | |
|---|---|---|
| ***best<u>ä</u>tigen*** | (to) confirm | Ich kann Ihre Vermutung bestätigen. |
| **1 6** ***Hot<u>e</u>lhalle,*** *die, -n* | hotel foyer | Die Gäste sitzen in der Hotelhalle. |
| ***H<u>a</u>lle,*** *die, -n* | hall | Im Winter trainieren die Spieler in der Halle. |

## 2 Grammatik und Evaluation

|  | | | |
|---|---|---|
| **2 1** ***h<u>o</u>len*** | (to) fetch, get | Ich hole dir ein Bier aus dem Kühlschrank. |
| **2 3** ***Not<u>i</u>zblock,*** *der, ¨-e* | notepad | Ich schreibe die Adresse in den Notizblock. |
| **2 4** ***H<u>ö</u>rer,*** *der, -* | receiver | Gib mir den Hörer, ich will mit ihm sprechen. |
| **2 5** ***fr<u>e</u>md*** | strange | Ich bin ganz fremd hier. Alles ist neu. |
| ***Origin<u>a</u>lsprache,*** *die, -n* | original language | Sie sieht die Filme oft in der Originalsprache. |
| ***vor<u>a</u>nkommen,*** *vor<u>a</u>n-gekommen* | (to) advance, get ahead | Bist du mit der Arbeit gut vorangekommen? |
| **2 6** ***fl<u>ü</u>ssig*** | liquid | Es ist heiß. Die Schokolade ist ganz flüssig. |
| ***sch<u>au</u>mig*** | foamy | Das Bier ist schön frisch und schaumig. |
| **2 7** ***R<u>e</u>genschirm,*** *der, -e* | umbrella | Es regnet. Hast du einen Regenschirm? |

| *elektronisch* | electronic | Er verkauft elektronisches Spielzeug. |
| *Klassiker, der, -* | classic | Dieses Lied von den Beatles ist ein Klassiker. |

## 3  Mit 30 Fragen durch *studio d A2*

| *höchstens* | at most | Ich zahle höchstens 3 500 Euro für das Auto. |
| *Spielfigur, die, -en* | token, marker | Ich nehme die rote Spielfigur. |
| *Spielregel, die, -n* | rule of the game | Habt ihr die Spielregeln verstanden? |
| *würfeln* | (to) throw the dice | Du musst zuerst würfeln. |
| *Startfeld, das, -er* | starting square | Das Startfeld ist hier oben links. |
| *zurückgehen, zurückgegangen* | (to) go back | Gehst du wieder zurück zu deinen Eltern? |
| *rausschmeißen, rausgeschmissen* | (to) throw out, kick out | Nein, die haben mich rausgeschmissen. |
| *Gegner/in, der/die, -/-nen* | opponent | Gegen welchen Gegner muss ich spielen? |
| *chronologisch* | chronological(ly) | Die Geschichte muss man chronologisch erzählen. |

| | | |
|---|---|---|
| *chinesisch* | Chinese | Er hat eine chinesische Freundin. |

**4 Videostation 4**

| | | |
|---|---|---|
| **4❶** *Produktpalette, die, -n* | range of products | Der Laden bietet eine große Produktpalette an. |
| *Body Lotion, die, -s* | body lotion | Die Body Lotion ist gut für meine Haut. |
| *überwachen* | (to) monitor | Der Laden wird mit Kameras überwacht. |
| *Produktionsanlage, die, -n* | production plant | Die Produktionsanlage ist sehr modern. |
| *etikettieren* | (to) tag, label | Die Verkäuferin etikettiert die Produkte. |
| *bestehen, bestanden (2)* | (to) exist | Unsere Firma besteht seit 60 Jahren. |
| *Tochterfirma, die, Pl.: Tochterfirmen* | subsidiary | Es sind mehrere Tochterfirmen entstanden. |
| **4❷** *Abschied, der, -e* | parting, leave-taking | Das war ein trauriger Abschied. |
| **4❸** *texten* | (to) write the words for | Wollen wir mal ein Lied texten? |
| **4❹ d** *mitten (in)* | (in) the middle of | Ich wohne mitten in der Stadt. |
| *Glasindustrie, die, -n* | glass industry | Diese Region lebt von der Glasindustrie. |

**4 4 e** *Marzipan, das, \**     marzipan, almond paste     Das beste Marzipan kommt aus Lübeck.

*Rostbratwürstchen, das, -*     sausages     Wir grillen ein paar Rostbratwürstchen.

*Lebkuchen, der, -*     gingerbread     Zu Weihnachten isst man Lebkuchen.

## 5 Magazin: Weihnachtsseite

*Vorweihnachtszeit, die, \**     pre-Christmas period     In der Vorweihnachtszeit kaufen die Leute Geschenke.

*Adventssonntag, der, -e*     Sunday in Advent     Am Adventssonntag brennen die Kerzen.

*festlich*     festive(ly)     Der Tisch ist festlich gedeckt.

*Weihnachtsmarkt, der, "-e*     Christmas market     Wir gehen zum ersten Advent auf den Weihnachtsmarkt.

*Tannenzweig, der, -e*     spruce bough     Tannenzweige werden geschmückt.

*Adventskranz, der, "-e*     advent wreath     Auf dem Tisch steht ein Adventskranz.

*Plätzchen, das, -*     cookie     Die Kinder backen Plätzchen.

*Weihnachtsstollen, der, -*     Christmas stollen     Marlies backt leckeren Weihnachtsstollen.

*Bescherung, die, -en*     gift giving     Die Kinder freuen sich auf die Bescherung.

| *Festessen, das, -* | dinner, banquet | Abends gibt es ein leckeres Festessen. |
| *Bratapfel, der,* "- | baked apple | Isst du gern Bratäpfel? |
| *braten, gebraten* | fried, baked | Magst du gebratene Kartoffeln? |
| *knallen* | (to) bang | Der Schuss hat laut geknallt. |
| *zischen* | (to) fizz, hiss | Die Flasche zischt, wenn man sie aufmacht. |
| *auftischen* | (to) serve | Ihr habt ein leckeres Essen aufgetischt! |
| *Romantik, die,* * | romance | Unser Urlaub war voller Romantik. |
| *Engel, der, -* | angel | Danke für die Hilfe. Du bist ein Engel. |
| *Nussknacker, der, -* | nutcracker | Den Nussknacker benutze ich nur in der Weihnachtszeit. |
| *virtuell* | virtual | Manche Computerfans leben in einer virtuellen Welt. |
| *still* | quiet | Hier in der Natur ist es ganz still. |
| *wachen* | (to) watch over | Die Eltern wachen über ihr Kind. |
| *traute* | trusted | Das ist mein trautes Zuhause. |
| *hochheilig* | sacrosanct, all-holy | Maria und Joseph sind das hochheilige Paar. |

| | | |
|---|---|---|
| *hold* | fair, graceful | Sie hören die holden Engel singen. |
| *Knabe, der, -n* | boy | Ein kleiner Knabe ist geboren. |
| *lockig* | curly | Er hat lockige Haare. |
| *himmlisch* | heavenly | Ich finde das Essen himmlisch. Ganz toll! |
| *Entstehungsgeschichte, die, -n* | story of it's becoming | Kennst du die Entstehungsgeschichte des Liedes? |
| *ewig* | an eternity | Nein, aber das ist ja auch ewig lange her. |
| *Hilfspriester/in, der/die, -/-nen* | deacon | Er ist Hilfspriester in der Dorfkirche. |
| *komponieren* | (to) compose | Wer hat dieses Lied komponiert? |
| *Melodie, die, -n* | melody | Die Melodie kennt doch jeder. |
| *beeilen* | (to) hurry | Beeil dich, wir sind zu spät. |
| *Gottesdienst, der, -e* | worship service | Der Gottesdienst fängt um 10 Uhr an. |
| *um die Welt gehen* | (to) go around the world | Die Nachricht ging sofort um die Welt. |

**studio d A2**
Deutsch als Fremdsprache
Vokabeltaschenbuch

Umschlaggestaltung: Klein & Halm Grafikdesign, Berlin
Layout und technische Umsetzung: Satzinform, Berlin


**www.cornelsen.de**

1. Auflage, 2. Druck 2011

Alle Drucke dieser Auflage sind inhaltlich unverändert und können im Unterricht nebeneinander
verwendet werden.

© 2008 Cornelsen Verlag, Berlin

Druck: H. Heenemann, Berlin

ISBN 978-3-464-20832-8

 Inhalt gedruckt auf säurefreiem Papier aus nachhaltiger Forstwirtschaft.